JN056004

失敗しない

職場のメンタルヘルスケア

従業員のメンタルヘルス不調に気づく
ポイントと対応50

志野恭子 著

セルバ出版

はじめに

　皆さんは産業保健師という職業を知っていますか。産業保健師の私は、産業医や人事労務担当者、衛生管理者、管理職と協力しながら、主に従業員の健康保持増進のサポート、メンタルヘルス不調者の対応、健康経営のサポートをしています。

　働く人の健康を守り、生産性を向上させ、企業利益に貢献するのが産業保健師の役割です。従業員からは、産業医よりも距離が近く、気軽に相談できる存在だとよく言われます。私はこれまでに、さまざまな企業で産業保健活動をしてきました。

　特に、メンタルヘルス不調者への対応は年々増加し、難しいケースも経験しました。その経験から、日頃従業員のメンタルヘルスケアに関わっている人事労務担当者や管理職の皆さんにメンタルヘルス不調に気づくポイントと対応について解説したいと思っています。従業員との距離が近い産業保健師だからこそ伝えられることがあると思い、できるだけ実務的なことを本書に記しました。

　メンタルヘルス対策に関する指針やコミュニケーション理論といった難しい話は最小限にしています。職場で起こる「困り事」を、どうしたら少ない負担で解消できるか、ということを中心に書きました。

本書を手にした皆さんに、是非ともお伝えしたいことがあります。職場のメンタルヘルス対策で特に重要とされるのが、ラインケアです。

ラインケアとは、部長・課長などの管理職が主体となって行う、様子が気になる部下の相談対応、職場環境の改善、休職者の職場復帰支援を指します。しかし、日々の業務をしながら、従業員のメンタルヘルスマネジメントもしなければならず、手が回らない！　と多くの方が悩んでいます。

皆さんは、特別な知識や対応を求められるのがラインケアだと思っていませんか？　もし、そのように感じて、メンタルヘルス不調者への対応やラインケアに抵抗を感じているのであれば、本書を読んで、まずは気持ちを楽にしていただきたいと思います。私が伝えたいのは、「メンタルヘルス対策は、日々の積み重ね」という点だけです。

しかし、メンタルヘルス対策の進め方については、膨大な情報が溢れています。その情報を職場でどう取り入れ実践するか、お悩みではないでしょうか。まず、メンタルヘルス不調は目に見えないため、診断名がわかってもその症状までよく理解するのは難しいと思います。

また、メンタルヘルスに関する社会的な問題や法令を理解していても、やるべき内容が理想論で実行しにくいという声もあります。そのため、いざ対応しようとすると「うまく対応できる自信がない」「職場で何をどう取り組めばよいかよくわからない」となるのではないでしょうか。

まず、診断名や症状について皆さんが詳しく理解する必要はありません。無駄な労力を費やさず現実的かつ効果的な方法を行うことだけ考えましょう。私はこれまでさまざまな企業でメンタルヘルス対策をしていますが、人事労務担当者や管理職に受け入れられやすい、実行可能な対策を提案するように心がけています。

ちなみに私は、大手企業で毎年約７００人の新任管理職に向けて、メンタルヘルス対策研修を実施してきました。ストレスチェック制度、従業員のメンタルヘルスマネジメントや職場復帰支援についての研修です。

しかし、研修でいくら理想的な対策を説明しても管理職が職場でそれを実行するのはとても難しいだろうと感じていました。メンタルヘルス対策は、職場で実行して初めてその意味がありますので、職場の実情に合わせて必要な要素を取り入れ、現実的かつ効果的な対策をすればよいと私は考えています。

本書では専門用語はできるだけ使わず、わかりやすい表現で、メンタルヘルス対策に必要なポイントを書いています。もし、実践的なことだけ知りたいという方は、序章を飛ばしていただいて構いません。

まずは、小さなことから始めていきましょう。「メンタルヘルス対策は、日々の積み重ね」です。

志野　恭子

２０２３年６月

失敗しない職場のメンタルヘルスケア
―従業員のメンタルヘルス不調に気づくポイントと対応50　目次

第1章　従業員がメンタルヘルス不調になる前に

第2章　メンタルヘルス不調の基礎知識

第3章　メンタルヘルス不調に気づくポイント

第4章　メンタルヘルス不調が疑わしいときの声かけ

第5章　面談での注意点

第6章　メンタルヘルス不調の原因と対策

第7章　受診後の対応について

第8章　休職から職場復帰までの流れと対応

用語の説明

・**メンタルヘルス不調**：ストレスによって引き起こされる、精神的な健康上の問題を指します。気分の落ち込み、不安感や恐怖感、睡眠障害や食欲不振、疲れや緊張、集中力や判断力の低下、孤独感、自殺願望などが現れることがあります。メンタルヘルス不調の原因や症状は人によって異なります。

・**産業医**：産業医とは、労働者の健康を守るため、労働者の働く環境や業務、健康に関して専門的立場から助言・指導を行う医師を指します。産業医は労働安全衛生法に基づき常時50人以上の労働者を使用する事業場において選任する義務があります。

・**衛生管理者**：労働安全衛生法で定められた国家資格で、労働者の健康管理や労働災害防止などを行います。常時50人以上の労働者がいる事業場には、1人以上配置することが義務づけられています。

・**産業保健スタッフ**：産業医、産業看護職（保健師や看護師）、衛生管理者、産業カウンセラーなどを指し、従業員の健康管理、労働災害防止、メンタルヘルス対策、健康教育、従業員の健康の保持増進に寄与する役割を担います。

・**衛生委員会**：職場環境の改善や従業員の健康管理、衛生や健康にかかわる調査審議を行う組織です。労働安全衛生法により、労働者が50人以上の事業場は衛生委員会を設置し、月1回以上開催することが義務づけられています。

・**安全配慮義務**：労働契約法の第5条には、「使用者は、労働契約に伴い、労働者がその生命、身体等の安全を確保しつつ労働することができるよう、必要な配慮をするものとする。」と、明文化されています。従業員の健康や安全に関するリスクを評価し、必要に応じて対策を講じることが求められます。この安全配慮義務を怠り、多額の損害賠償が課せられた例も多数存在します。

・**EAP**：「Employee Assistance Program」の略で、従業員支援プログラムと訳されます。

ストレスや強い不安、悩みがあり、メンタルヘルスに問題を抱えている従業員に対して、相談対応をするプログラムを指します。社内に相談員を常駐させる内部ＥＡＰと社外に委託する外部ＥＡＰがあります。ＥＡＰの領域はメンタルヘルスケアだけでなく、キャリア支援やマネジメントスキルの向上なども含まれます。

・**こころの耳**：厚生労働省で開設している「働く人のメンタルヘルス・ポータルサイト こころの耳」では、無料の電話相談、ＳＮＳ相談、メール相談を実施しています。人事労務担当者や管理職、従業員に向けて、わかりやすくセルフケアや職場でのメンタルヘルス対策について説明していますので、是非参考にしてください。

・**健康経営**：健康経営は、従業員の健康管理を経営的な視点で考え、戦略的に実践することを意味します。企業理念に基づいて従業員の健康投資を行うことで、生産性が向上し、結果的に業績向上や株価向上につながることが期待されています。

序章　メンタルヘルス対策の必要性

1　メンタルヘルス対策が求められる背景

メンタルヘルス不調者の現状

厚生労働省の調査では、「現在の仕事や職業生活に関することで、強い不安やストレスとなっていると感じる事柄がある」と回答した労働者は、近年5～6割の状態が続いています。

「強いストレス」の内訳をみると、「仕事の質・量」が最多で、次いで「仕事の失敗、責任の発生等」、「対人関係（セクハラ・パワハラを含む）」となっています。

また、２０２１年「労働安全衛生調査（実態調査）」によれば、過去1年間にメンタルヘルス不調により連続1か月以上休業した労働者又は退職した労働者がいた事業所の割合は10・1％で、このうち連続1か月以上休業した労働者がいた事業所の割合は８・８％、退職した労働者がいた事業所の割合は４・１％でした（複数回答）。

事業規模別の内訳を見ると、規模が大きい事業所ほど、休業した労働者がいる事業所の比率が高くなっています。

このように、多くの労働者が仕事の悩みを抱え、休業、退職している現状があり、それに伴う労災補償状況の請求件数・支給決定件数も増加傾向にあります。

2　メンタルヘルス不調による企業の損失

従業員のパフォーマンス低下による損失

メンタルヘルス不調者が発生した場合の大きな問題は、従業員のパフォーマンス低下による人的損失とそれに伴う費用の問題です。

では、どのくらいの損失が発生するのでしょうか。さまざまな試算がありますが、年収500万円の従業員が1年間休職した場合は、その年収の約3倍の1，500万円ものコストがかかると言われています。

その理由としては次のようなものが挙げられます。

- ●出勤してはいるもののパフォーマンスが低下した状態による人件費の損失
- ●健康保険組合から支払われる休職中の傷病手当金
- ●同僚への残業代、代替社員を雇用するコスト

●人事労務担当者や管理職が休職者対応をするコスト
●職場復帰後のリハビリ期間にかかる人件費の損失
また、新入社員がメンタルヘルス不調で早期離職となれば、採用と教育にかけた費用分の経済的損失が発生します。さらに問題なのは、人材を一時的または永久的に失うということです。企業にとっては、人材を失うことでその従業員の知識、技術、経験が活用できなくなってしまい、企業の継続性や品質が損なわれるおそれもあります。

休職者や退職者の発生で人員が減れば、その職場に残る従業員の業務量は増加するため同僚に負担がかかり、不満が噴出して雰囲気が悪化します。同僚に連鎖的にメンタルヘルス不調が広がることにもなりかねません。

最近は、企業の評判がＳＮＳやクチコミサイトで拡散されてしまいますので、休職者や早期離職者が多いと採用活動にも影響が及ぶかもしれません。

産業医にかかる費用の増加

産業医にかかる費用は、事業規模や業務内容により異なりますが、専門の医師との契約なので高額になります。産業医の職務内容は、健康診断結果の確認や面接指導の実施、職場巡視、健康教育や衛生教育、衛生委員会や安全衛生委員会の構成員としての活動、作業環境の維持管理などです。法令遵守だけでなく、ニーズに合わせた対応が必要になることもあります。

産業医にさまざまな業務を依頼すれば、費用がかさむことから「できるだけ産業医費用を抑えたい」と考える企業も多いでしょう。しかしもし、メンタルヘルス不調者が増えれば、産業医に面談対応を依頼したり、意見書を書いてもらうなどの必要が生じ、コストが増加するかもしれません。

なお、最近では産業医よりも敷居が低い、産業看護職（保健師や看護師）や産業カウンセラーを導入し、メンタルヘルス不調者の対応を充実させている企業も増えつつあります。

3　メンタルヘルスに関する指針について

労働者の心の健康の保持増進のための指針

「労働者の心の健康の保持増進のための指針」（メンタルヘルス指針、２００６年３月策定、2015年11月30日改正）とは、事業場におけるメンタルヘルス対策が、適切かつ有効に実施されるよう原則的な実施方法について定めたものです。

事業者は、この指針に従い各職場の実態に即して、メンタルヘルスケアの実施に積極的に取り組むことが望ましいとされています。

心の健康づくり計画

メンタルヘルス対策は、中長期的視点で継続的かつ計画的に実施することが重要です。メンタルヘルス対策のポイントは、3つの予防と4つのケアです。

詳しいことは後述しますが、簡単に説明すると、メンタルヘルス不調を未然に防止する「一次予防」、メンタルヘルス不調を早期発見し適切な対応を行う「二次予防」、メンタルヘルス不調による休職者の職場復帰支援を行う「三次予防」を、3つの予防と呼びます。それぞれの予防段階において、「セルフケア」「ラインによるケア」「事業場内産業保健スタッフ等によるケア」「事業場外資源によるケア」という4つのケアを推進することが求められています。

これらを実行するために策定するのが「心の健康づくり計画」です。

心の健康づくり計画を策定するときは、実態に即した取り組みになるよう、従業員の意見を聞き、衛生委員会において調査審議を行います。

初めて「心の健康づくり計画」を策定する場合は、あまりイメージが湧かないと思いますので、インターネットで入手できる厚生労働省の「事業場における心の健康づくり計画(例)」を参考にするとよいでしょう。

なお、厚生労働省・独立行政法人労働者安全機構によると、「心の健康づくり計画」に盛り込むべきとされている事項は次のとおりです。

- 事業者がメンタルヘルスケアを積極的に推進する旨の表明に関すること
- 事業場における心の健康づくりの体制の整備に関すること
- 事業場における問題点の把握及びメンタルヘルスケアの実施に関すること
- メンタルヘルスケアを行うために必要な人材の確保及び事業場外資源の活用に関すること
- 労働者の健康情報の保護に関すること
- 心の健康づくり計画の実施状況の評価及び計画の見直しに関すること
- その他労働者の心の健康づくりに必要な措置に関すること

4　3つの予防とは

①一次予防（メンタルヘルス不調の未然防止）

従業員が自分のストレス状態に気づいて対処したり、職場環境を改善してメンタルヘルス不調を未然に防いだりするのが一次予防です。メンタルヘルス不調は自分では気づきにくいため、ストレスチェックを活用します。

ストレスチェックは、個人の結果だけでなく、集団分析をすることで各組織のストレス状況（仕事の質や量、人間関係のストレス要因）を把握し、必要に応じて職場環境の改善を行うことが努力義務となっています。

②二次予防（早期発見と適切な対応）

二次予防とは、メンタルヘルス不調を起こしている従業員に対する取り組みで、早期発見と適切な対応のことを指します。メンタルヘルス不調に気づいた従業員本人や上司・同僚が適切に対応できるよう、正しい知識を身につけるための教育や、社内外の相談窓口の整備を行います。

また、メンタルヘルス不調の把握や休職の判断をするうえでは、産業医等産業保健スタッフや主治医との連携が欠かせません。早期に適切な対応を行えるよう、日頃から連携体制を整えておきましょう。

③三次予防（職場復帰における支援）

メンタルヘルス不調で休職した従業員が、スムーズに職場復帰できるよう支援すると同時に、メンタルヘルス不調の再発・再燃を防止する取り組みが三次予防です。そのために「職場復帰支援プログラム」を策定し、「職場復帰支援プラン」に沿って実行することが推奨されています。

職場復帰支援プログラムや職場復帰支援プランについては第8章で述べますが、休職した従業員は、職場復帰への不安や焦りから、メンタルヘルス不調を再発するリスクがあります。

そのため、職場復帰の判断は主治医と産業医の見解を踏まえて、本人と相談しながら決定し、職場復帰後も再発防止の対策をしましょう。

5　4つのケアとは

メンタルヘルス対策では、次に示す「4つのケア」が継続的かつ計画的に行われることが重要です。

①セルフケア

従業員自身がストレスやメンタルヘルスについて理解し、ストレスの予防や軽減に努めることをセルフケアと言います。

②ラインケア（管理監督者による部下のケア）

管理監督者が主体的に職場環境の把握や改善をすること、メンタルヘルス不調者に気づいて早期に対応すること、休職者の職場復帰支援を行うことをラインケアと言います。ラインケアを担う管理監督者は、メンタルヘルス対策で重要な役割を果たすキーパーソンとなります。

③事業場内産業保健スタッフ等によるケア

事業場内の産業保健スタッフは、従業員のメンタルヘルスケアを行うだけでなく、人事労務担当者や管理監督者へのサポートも実施します。また、メンタルヘルスケアを進めるための企画立案、個人情報の管理、事業場外資源との連携など、心の健康づくり計画の実施にあたり中心的な役割を果たします。

④事業場外資源によるケア

メンタルヘルスに関して専門的な知識をもつ事業場外の機関、例えば医療機関や地域保健機関、ＥＡＰ（従業員支援プログラム）を活用することを指します。

6　メンタルヘルスケアの進め方

メンタルヘルスケアの具体的な内容

メンタルヘルスケアを進めるためには、前述した1次予防、2次予防、3次予防それぞれの予防段階に合わせて、従業員、管理監督者、産業医等産業保健スタッフ、事業場外の機関や専門家による4つのケアを実施します。具体的には何をすればよいかわからないと思いますので、次にその内容を示します。

①メンタルヘルスケアを推進するための教育研修・情報提供（一次予防）

すべての労働者に対し（管理監督者・事業場内産業保健スタッフも含む）、各職務に応じた教育研修の実施や情報提供をしましょう。また、メンタルヘルスに関する教育担当者（人事労務担当者や産業保健スタッフ）を社内で育成し、メンタルヘルスケアを推進するための担当者を各事業所で選任しておくとよいでしょう。

②職場環境の把握と改善（メンタルヘルス不調の未然防止：一次予防）

次のような要因は、従業員のメンタルヘルスに影響します。従業員から意見を聞いたり、ストレスチェックの集団分析結果を評価するなどして、改善を図りましょう。

- 作業環境、作業方法、労働時間、仕事の質と量
- 職場内のハラスメントを含む人間関係
- 職場の組織、人事労務管理体制など

③メンタルヘルス不調への気づきと対応（早期発見と適切な対応：二次予防）

セルフケア教育やストレスチェック結果で従業員がメンタルヘルスに関心を持ち、必要なときに自発的な相談ができるような環境整備をしましょう。

また、皆さんは従業員のメンタルヘルス不調に気づいたら話を聴いて対応し、必要に応じて専門家へつなぎましょう。早期発見と適切な対応でメンタルヘルス不調を深刻化させないことが重要です。

④職場復帰における支援（三次予防）

メンタルヘルス不調によって長期間休職した従業員の職場復帰は簡単ではなく、再発や離職も少なくありません。

スムーズな職場復帰は本人のみならず職場にとっても重要です。そのため、職場の実態に即した職場復帰支援プログラムを策定し、計画的に取り組みましょう。詳しくは8章で解説します。

メンタルヘルスケアの進め方については、全体像をイメージしやすいよう、図表1に示しましたので、参考にしてください。

〔図表1　メンタルヘルスケアの進め方〕

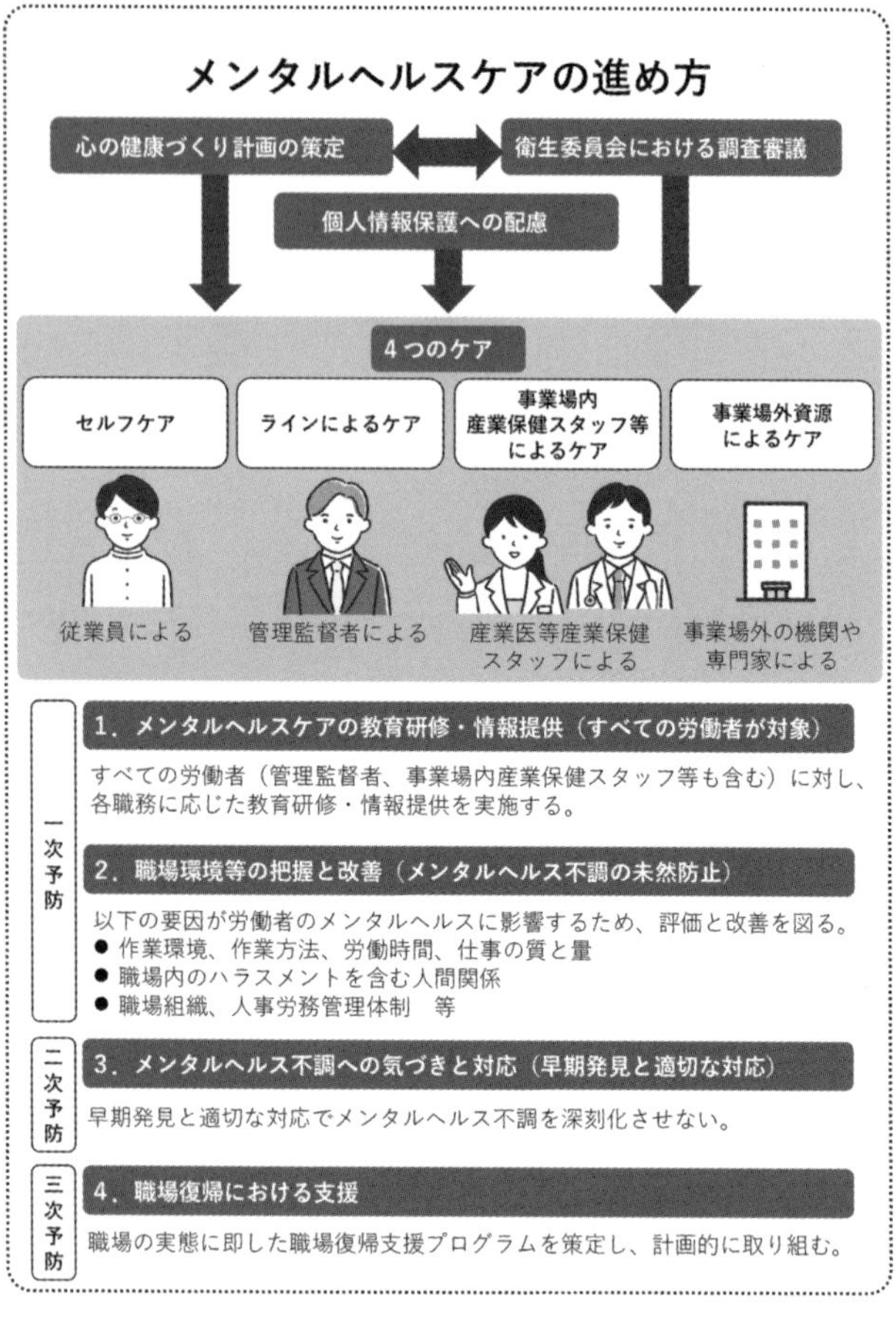

7　厚労省関連サイトやさんぽセンターの活用

こころの耳

メンタルヘルス対策に取り組むとき、メンタルヘルス関連の指針の内容が難しい、何から始めたらよいかわからないと感じたら、厚生労働省の「働く人のメンタルヘルス・ポータルサイト こころの耳」が役に立ちます。職場のメンタルヘルス対策の進め方について、人事労務担当者や管理職向けにわかりやすく丁寧に解説しているサイトですので、是非一度チェックしてみてください。

さんぽセンターと地さんぽの活用

全国47都道府県に、職場の健康管理の啓発を目的とした産業保健総合支援センター（さんぽセンター）が設置されています。

さんぽセンターでは、産業保健に関するさまざまな問題について、専門スタッフが訪問またはセンターの窓口（予約）、電話、メールで相談に応じてくれます。また、事業者、人事労務担当者、衛生管理者などを対象として、職場の健康問題に関するセミナーを実施していますので、積極的に活用しましょう。

また、産業医の選任義務がない、従業員数50人未満の小規模事業場の事業者や従業員に対しては、地域産業保健センター（地さんぽ）の医師や保健師が相談に応じてくれます。

例えば、「心の健康づくり計画」の策定をするためのアドバイスをしてもらうこともできますし、職場に合ったメンタルヘルス対策の進め方について一緒に考えてくれます。

地さんぽは、独立行政法人労働者健康安全機構が運営しており、おおむね労働基準監督署の管轄区域に設置されています。

ポイント

① 企業の経済的損失、人材の損失を減らすために、職場のメンタルヘルス対策に取り組む必要があります。

② 心の健康づくり計画を策定し、「一次予防、二次予防、三次予防」と「4つのケア」に取り組みましょう。

③ ラインケアを担う管理監督者は、メンタルヘルス対策のキーパーソンです。

第1章

従業員がメンタルヘルス不調になる前に

1　人事労務担当者・管理職はどこからどこまでやるか

日常の関わりを大事にする

人事労務担当者や管理職の皆さんは、リーダーシップを発揮して、従業員の意欲を引き出し、パフォーマンスを高めるためにあらゆる工夫をしながら、日々、従業員に関わっていると思います。メンタルヘルスについてのマネジメントも同じで、特に難しいことや特別なことをする必要はありません。皆さんにお願いしたいのは、日常のコミュニケーションです。ここでは、人事労務担当者や管理職の方々に、職場での望ましいコミュニケーションについてお伝えします。

人材マネジメントと安全配慮義務を意識する

メンタルヘルス対策として、どこからどこまで人事労務担当者や管理職が担うべきでしょうか。

まず、皆さんがメンタルヘルスの専門家になる必要はありません。うつ病や適応障害の症状や治療について詳しい知識がなくても大丈夫です。皆さんが担うべき役割は、いつも通り従業員が業務を遂行できるように管理し、パフォーマンスを上げるための人材マネジメントを意識して従業員に関わることです。そのためにコミュニケーションをしっかりとることが重要です。ただし、間違ったコミュニケーションや望ましくない対応をしないように、少し気をつけましょう。なお、コミュニケーションで気をつけるべきポイントについては、本書で説明します。

また、企業は従業員に対して「安全配慮義務」を負っていますので、労働者の生命・身体・健康が守られるよう、人事労務担当者や管理職はその責務を果たさなければなりません。メンタルヘルスケアについても、安全配慮義務を負いますので、状況に応じた個別のケアをする必要があります。

まず、従業員の就労状況から変わった点がないか（残業時間が長くないか、勤怠の乱れはないか、パフォーマンスが落ちていないかなど）チェックすることが大切です。

気になる従業員については、個別に面談を行い、フォローしましょう。専門的なアドバイスが必要なときや、安全配慮義務に違反していないかどうか不安なときは、皆さんだけで抱え込まず、産業医や社労士に意見や協力を求めましょう。

また、メンタルヘルスマネジメントは、従業員本人だけでなく家族との連携が必要になることもあります。日頃から、従業員の緊急連絡先をしっかり更新し、何かあったときに、すぐに家族と連絡が取れるように準備しておきましょう。

2　コミュニケーションについて

従業員とのコミュニケーションが重要

日常の従業員とのコミュニケーションは、メンタルヘルス対策においてとても重要です。皆さんは普段、従業員とのコミュニケーションでどのようなことを意識していますか。挨拶をする、報告・連絡・相談は基本ですが、最近はテレワークやフレックスタイム制が導入され、物理的にコミュニケーションをとるタイミングが減少した職場もあるのではないでしょうか。

また、挨拶を重視しない職場や、報告・連絡・相談はオンラインツールで相互に確認するだけ、という職場も増えているようです。そんな状況の職場が増えるなか、コミュニケーションに関する従業員の声を少しご紹介します。

職場のコミュニケーションに関する従業員の声

■Aさん（挨拶のない職場）

「私の上司は、挨拶をしないタイプなんです。いつも誰よりも早く出勤して仕事に集中しているようなので、後から出勤した人が挨拶をする雰囲気ではなくて。思い切ってはようございます、と言ってみたんですが、そのとき挨拶を返してくれなかったので、それ以降、挨拶するのはやめました」

解説：挨拶については、最近このような声がよく聞かれますが、皆さんはどう感じましたか。実は、メンタルヘルスマネジメントの観点から、毎日の挨拶はとても重要だと私は考えています。1日1回でも、挨拶を交わせば、従業員の様子を伺うことができます。外見や表情、声のトーンにほんの少し意識を向けて、積極的に挨拶をしていただきたいと思います。

特におすすめなのは「○○さん、おはよう」と、誰に向けて挨拶をしているかわかるような方法です。たったそれだけのことですが、自分に気配りしてくれていると自分の存在に気づいてくれていると感じるものです。皆さんから挨拶することで、職場の雰囲気も明るくなるかもしれません。

■Bさん（報告のタイミング）

「取引先の担当者から厳しいことを言われて、気持ちがかなり動揺したことがあったんです。職場に戻って、上司に報告しようと思ったのですが、その日に限ってテレワークで不在でした。わざわざメールや電話をするのは迷惑かなと思い、結局上司には報告していません。でも、あの担当者にまた会わなければいけないかと思うと、緊張してなかなか寝付けなくて」

解説：このように、上司に相談する機会を逃してしまい、そのまま悩みを抱え込んでしまうケースは少なくありません。業務に支障がなければ、報告・連絡・相談は不要という職場風土ですと、上司が忙しそうにしているときに些細なことは相談できない、という声もあります。特に他人に負担をかけたくない、自分の弱みを見せたくない、まじめで責任感が強いといった性格の従業員は、相談すること自体に抵抗を感じることが多いので、皆さんから意識的に声をかけるとよいでしょう。特に外勤の多い営業職や、テレワークが中心の職場、時差出勤やフレックスタイム制の場合は、職場で顔を合わせる機会が減ってしまいますので、計画的にコミュニケーションをとる機会を設定しましょう。

■Cさん（オンライン会議での発言）

「最近はオンライン会議が増えているのですが、発言したいと思っても、話を遮ってしまうような気がして、なんとなく発言できないんです。自分の意見を言わなければ、と焦るのですが、タイミングが難しくて。オンライン会議の後は、雑談することもないので、いつも不完全燃焼なんです」

解説：オンラインでの会議が一般的になり、なんとなく今までより発言しにくくなったという声も聞かれます。発言しない人は、意見がないのではなく、周囲に気を遣い過ぎていることも考えられますし、もともと消極的な性格かもしれません。そのようなタイプの従業員もいることを考慮して、発言しやすい雰囲気づくりや意識的な声かけも重要です。

■Dさん（仕事に対する考え方の違い）

「職場の上司がとても細かくて、やたら厳しい指導をするのでうんざりします。完璧を求められても無理です。私は仕事の精度よりも効率を重視しているんです。それに、上司は残業するのが当たり前という考えなのか、部下が先に帰るときはいつも不機嫌なんです。

私は引き留められたくないので、こっそり退社していますが、仕事のやり方が自分に合わないので、もう辞めたいです」

このように、少し自己中心的な考えのように思われる発言をする従業員、皆さんの周りにもいませんか。しかし、仕事に対する考え方も多様化しています。自己中心的だと決めつけず、そのような考え方もあるのか、どうしたらお互いが歩み寄れるのだろうか、と相手を理解するためにも、腹を割って話してみましょう。

■Eさん（休憩中のコミュニケーション）

「私の職場ではいつも上司を含めて、チーム全員が一緒に昼食をとることが多いのですが、私は特に話すこともないし、仕事の延長のように感じて気が休まりません。昼休みくらいゆっくり仮眠をとって、頭を空っぽにして過ごしたいのに。なんだか毎日、気疲れしてしまいます」

解説：業務の効率化が重視され、業務中の雑談などが難しくなった職場も多いようです。

休憩時間は部下とコミュニケーションをとる貴重な機会なので、一緒に昼食をとるのはとてもよいことだと思います。

もし、それが毎日続いたり、少々義務のような状態になっているなら、気疲れしてしまう従業員もいるかもしれません。

隔日にするとか、若手だけで過ごせる機会をつくるのもよいですし、ひとりで過ごしたい人もいるかもしれないので、それとなく、従業員それぞれの意見を聞いてみましょう。

3　話を「聴く」とは

話を聴いて疲れる原因と疲れないための対策

ただ単に話を「きく」場合は一般に「聞く」が使われ、耳を傾けて注意深く「きく」場合には「聴く」が使われることが多いようです。後者の「聴く」は、実はとても難しく、気力と体力と忍耐力が必要だと感じますが、メンタルヘルスマネジメントで必要なスキルです。

私は産業保健師やキャリアコンサルタントとして仕事をしているので、継続的に話を「聴く」訓練を受けています。そんな私でも、日々多くの方々の相談対応をしていると心身ともに疲れてしまうことがあります。話を聴いて疲れてしまう原因は次のようなことが考えられます。

●話の内容を先回りして考えている
●相手の役に立たなければと思い込んでいる
●共感し過ぎてしまう
●物わかりがよすぎる
●アドバイスしようと常に考えながら聴いている

いかがでしょうか。もし、いくつも当てはまるような聴き方をしていたら要注意です。
ではここで、話を聴いても疲れないための対策を少しご紹介します。

●今ここで話していることだけに集中する
●アドバイスはしなくてよい
●その場で解決しようとしない
●相手に自由に話してもらう

まずは、フラットな気持ちで「今ここで話している内容」だけを理解しようと努めれば大丈夫です。その場で解決しようとせず、とりあえず相手のペースで自由に話してもらうとよいでしょう。続いて、話を聴くときのポイントについてさらに詳しく解説します。

4　部下の話を聴くときのポイント

日常にありそうな事例を使って、話を聴く姿勢、共感的な態度、上司としてあるべき姿についてのポイントを解説します。まずAさんに対する上司の望ましくない対応を読んでいただき、皆さんならどう対応するかイメージしてください。その後、望ましい対応について解説しますので、皆さんの考えと照らし合わせてみましょう。

事例で学ぶ「話を聴く姿勢」

■望ましくない対応

Aさん：課長、ちょっといいですか？

課　長：（パソコンを見ながら）今忙しいから、あとにしてくれる？

Aさん：すみません、急ぎの用事なんです。
課　長：いつも忙しいときに限って声かけてくるんだから。そんなに暇じゃないんだよ。
Aさん：…。
（数時間後）
課　長：さっきの話、どうなった？
Aさん：なんとか処理しました。
課　長：大丈夫なのか？
Aさん：…。

■望ましい対応

Aさん：課長、ちょっといいですか？
課　長：（振返り視線を合わせて）そんなに焦ってどうしたの？　急ぎかな？
Aさん：すみません、急ぎの用事なんです。
課　長：急ぎなんだね。今は手が離せないから、15分後でも大丈夫かな？
Aさん：わかりました。大丈夫です。

課　長：よかった。15分後にこちらから声をかけるから。
（15分後）
課　長：すぐに対応できなくて悪かったね。何があったの？
Ａさん：実は取引先からクレームがあって。私のミスが原因ですがかなり理不尽な要求で腹が立って。でも早急に解決しなきゃとは思っているんですが…。
課　長：理不尽か。でも早急に解決しようと思っているんだね。一緒に対策を考えるから、もう少し状況を詳しく話してもらえるかな。

この事例のように、忙しくてすぐに対応できないときでも、一度「急ぎの用事で焦っている気持ち」を受け止めることが重要です。

忙しいからと言って、拒否や無視、放置するとその後に影響し、その相手に対して重要な報告や相談をしなくなるおそれがあります。

すぐに対応できないときは、その理由と対応可能な日時を伝えることで、向き合う気持ちと相手に関心があることを示し、安心感を与えましょう。

そうしたことの積み重ねで信頼関係が構築され、そのうちに話しにくいことも話してくれるような関係に発展します。

また、相手の言葉をまずはそのまま受け止めましょう。自分と異なる考え方だったり、批判したい気持ちが湧いてきたとしても、まずは、相手がどんな気持ちかを考えながら話を聴くことに集中してください。話を途中で遮ったり、頭ごなしに怒ったり、否定したりせず、相手をそのまま受け止めましょう。

注意や指導しなければならない状況だったとしても、よいところにも目を向けてください。そして、上司として支援する気持ちがあることを、しっかり伝えましょう。

事例で学ぶ「共感的な態度」

■望ましくない対応

Aさん：おはようございます。
課　長：おはよう。今日はいつもより遅い出勤だね。
Aさん：なんだか体調が悪くて。
課　長：また飲み過ぎたんじゃないの？　気をつけてよね。
Aさん：…。

■望ましい対応

Aさん：おはようございます。
課　長：おはよう。今日はいつもより遅い出勤だね。どうしたの？
Aさん：最近なかなか寝付けないんです。そのせいで朝は起きられないし、なんだか体調が悪くて。
課　長：体調が悪いのか。それは心配だなぁ。寝付けないなんて、考え事でもしているの？
Aさん：ええ。仕事のことではないんですが…。
課　長：そうか。仕事が原因ではないんだね。でも、体調も悪いようだし、もしAさんがよければ事情を話してくれるかな？

「共感的態度」とは、相手の立場に立ったうえで、相手の感情や思いを理解し、思いやりをもって関わろうとする態度のことです。苦しい、つらい状況をわかってもらえたと感じたときに、人は安心して心を開きます。

ですが、事例のAさんように仕事が原因ではない悩みの場合、どう対応していいかわからない、という声も多いです。

ここでのポイントは「体調が悪い」という点です。体調が優れない仕事を続ければ、ヒューマンエラーや労災のリスクも高まります。リスクマネジメントの観点から、その原因を探る必要がありますので、プライベートな悩みであっても確認しましょう。

ただし、詳細を話すかどうかは相手次第です。まず、寄り添う姿勢で「もしよければ話して欲しい」と無理強いしない言い方を心がけましょう。

事例で学ぶ「上司としてあるべき姿」

■望ましくない対応

課　長：ちょっといいかな。午後の会議で配布する資料のここの数値、間違ってないか？
Aさん：その資料でしたら、何度もチェックしたので問題ないはずですが。
課　長：何度もチェックしたのに、間違えるなんて、ちゃんと見ていないんじゃないか？
Aさん：確か、課長にも確認をお願いしたはずですが。私の記憶違いかもしれません。
課　長：私のせいにするつもりか！　言い訳はいいから、さっさと直して、会議に間に合わせてくれよ！
Aさん：はい。すみません。

■望ましい対応

課　長：ちょっといいかな。午後の会議で配布する資料のここの数値、間違ってないか？
Ａさん：その資料でしたら、何度もチェックしたので問題ないはずですが。
課　長：そうか。何度もチェックしたんだね。
Ａさん：確か、課長にも確認をお願いしたはずですが。私の記憶違いかもしれません。
課　長：そうだったのか。そうだとしたら、悪かったね。
Ａさん：いいえ。急いで直しましょうか。
課　長：時間がなくて申し訳ないけど、会議に間に合わせてもらえたら助かるよ。

理由も聞かずに部下を叱責したり、責任を押し付けたりするような、プライドばかりの上司では信頼を失います。ミスは誰にでもあります。些細なことであれば、目くじらを立てず、前向きな解決策を提案するのが建設的です。自分に非があったなら、素直に認めて謝罪し、スマートな対応をとる方が、部下から厚い信頼を得ることができます。

また、事例のように失敗を許さない組織風土では、従業員が「絶対に失敗できない」と過度なプレッシャーを感じてしまい、かえって失敗が増えたり、失敗を隠したり、見て見ぬふりをするような職場環境になりかねません。失敗もオープンにできるよう、上司が率先して「失敗を恐れない」「失敗を隠さない」組織風土づくりをしていきましょう。

5　コミュニケーションの機会をつくる

日頃のコミュニケーションが希薄だと、自分では明確に部下に指示をしたつもりでも、意図した通りに受け取ってもらえないことがあります。円滑に業務を進めるために、雑談でもよいので、コミュニケーションの機会を計画的につくり、信頼関係を築きましょう。部下の仕事に対する考え方やプライベートでの様子を話してもらうためには、まずは上司が自分のことを話し（自己開示）、部下に自分を知ってもらう。その上で部下に話を振るのが効果的です。

ストレスチェックを活用する

年に1回の実施が義務づけられているストレスチェック（小規模事業場は努力義務）は、どのように活用していますか。高ストレス者のうち医師面接を希望しない従業員はどのくらいいますか。また、高ストレス者でなくても、実はプライベートでのストレスを抱えていて、苦しんでいるケースも多いです。

ストレスチェックの実施期間は、従業員が自分のストレスに気づくよいチャンスです。せっかくのチャンスなので、ストレスチェックを実施する前にストレスに関する基本的な知識やセルフケアについて全従業員になにかしらの方法で教育をしましょう。

また、ストレスチェック実施前に管理職による個人面談をするものよいでしょう。面談では、ストレスチェックで自分の状態を確認することの必要性やもしもストレスが高いときに必要に応じて相談するように促します。ただし、ストレスチェック実施後に管理職から声をかけられると「ストレスチェックの結果を見たのかな？」「何か結果が影響したのかな？」と不安になる従業員がいるかもしれないので、面談を実施するのであれば実施前がおすすめです。また、ストレスチェック期間を活用して、産業保健スタッフへの相談やＥＡＰなどのメンタルヘルス相談窓口を大々的にアピールするのもよいでしょう。

例えば、「ひとりで悩んでいませんか？　気軽に相談してくださいね」のように、相談先を記したポスターを廊下や化粧室に掲示する、社内掲示板に投稿することで、ストレスチェック実施後に自主的に相談する従業員が増えるかもしれません。

評価面談を活用する

半期に1回、1年に1回などの周期で、評価面談を実施している職場は多いと思います。評価面談では、行動目標や数値目標の設定、目標達成状況の確認、課題や今後の計画など、上司と部下とが目的をもって話をするのが一般的です。そのような場では、部下はプライベートについてはほとんど話さないでしょう。ですが、仕事の悩みではなく、プライベートの悩みが原因となっているメンタルヘルス不調はとても多いです。

評価面談は、部下に仕事以外の悩みを打ち明けてもらうよいチャンスです。ただ、プライベートについては上司に話しづらいという人がほとんどです。もし、仕事以外で悩みを抱えていて、業務に支障をきたしているようなら「話しづらいかもしれないけれど、心配しているので、もしよければ話してもらえないか」と、伝えてみましょう。

従業員のプライベートな悩みを皆さんが抱え込むのではなく、産業医や産業保健スタッフ、内部や外部EAP、厚生労働省のこころの耳など、専門家に繋ぎます。一般の従業員は、社内外にそのような相談先があることを知らない場合が多いようです。せっかくのチャンスなので、この機会に相談窓口を周知し、従業員のプライベートな悩みについて、皆さんが背負い過ぎないようにしましょう。

定期的な面談を実施する

個別に用事があるときに従業員の面談を実施するのもよいですが、上司から、不定期にまたは突然面談を設定されたら「何か嫌な話でもするつもりかな？」と不安に思う従業員もいるかもしれません。普段から定期的な面談が組まれていれば「いつもの面談だな」と心の準備ができます。

忙しいなかで従業員の面談を定期的に実施するのは容易ではありませんから、時間は15分でも10分でも構いません。ひとまず定期的な面談を実施し、そのなかで特に様子の気になる従業員がいれば、改めてじっくり話を聴きましょう。

新しいコミュニケーション方法を活用する

時代の変化とともに、コミュニケーションの取り方も変わりました。以前は電話を使用していた遅刻や欠勤の連絡も、メッセージアプリで報告する職場が増えました。飲みニケーションは不要、という人も増え、新型コロナウィルスの感染拡大のあおりを受けて、職場の飲み会は激減しているようです。また、多くの仕事がオンラインで済み、効率的なテレワークが支持されるようになりました。

これらの変化によって、直接話すよりも意思疎通がしにくいとか、職場の人間関係が希薄になったというマイナスな声も聞かれますが、気軽にコミュニケーションがとれるというメリットに目を向けて、新しいコミュニケーション方法をどんどん活用していきましょう。特に、若い世代とコミュニケーションをとるときは、相手に合わせた方法を取り入れ、コミュニケーションの機会を増やしましょう。

ポイント

④ 人事労務担当者・管理職はメンタルヘルスの専門家になる必要はなく、人材マネジメントと安全配慮義務についての責務を果たすことが重要です。

⑤ 日頃から従業員の声に耳を傾け、適切なコミュニケーションをとることが信頼関係構築の第一歩です。

⑥ 話を聴く姿勢、共感的な態度、上司としてあるべき姿を意識し、話を「聴く」ことを心がけましょう。

⑦ 計画的に、定期的に、部下とのコミュニケーションの機会をつくりましょう。

⑧ 新しいコミュニケーション方法のメリットに目を向けて、活用しましょう。

第2章

メンタルヘルス不調の基礎知識

1　メンタルヘルスとは

メンタルヘルスとは

メンタルヘルスとは、心の健康状態という意味です。心が軽く穏やかな気持ちであるとか、やる気が湧いてくるような状態であれば、メンタルヘルスは良好といえます。メンタルヘルスが良好であれば、仕事で高いパフォーマンスを発揮することができるため、企業にとっても働く人にとってもメンタルヘルスを良好に保つことはとても重要です。

ですが、日々の生活において、ストレスは避けて通れない要素です。多少のストレスを乗り越える力は必要です。一時的なストレスによって、憂うつな気持ちになったり、気分が落ち込んだりすることは誰にでもあるごく自然なことです。しかし、長期間に渡る過度なストレスは、私たちの心や身体に深刻な影響を及ぼし、うつ病などのメンタルヘルス不調を引き起こすおそれもあります。

なお、メンタルヘルス不調とは精神疾患（うつ病や統合失調症など）のみを指すのではなく、診断のつかない「ストレス」「強い悩み」「不安」を抱えている状態も含みます。

2　職場で注意したい精神疾患

私がさまざまな企業で活動するなかで、職場で発症する人が多いと感じるメンタルヘルス不調の症状や対応方法を簡単に説明します。メンタルヘルス不調には、診断名がはっきりつく「精神疾患」の他に、はっきりと診断がつかない「状態や症状」も含みますが、あまり細かいことは気にしなくても大丈夫です。まずは「精神疾患」について解説します。

うつ病

うつ病は、さまざまなストレスが原因で、気分がひどく落ち込み憂うつになる、活気がなくなる、何をしても楽しくないといった精神的な症状のほか、疲れやすい、寝付けない、体が重い、体が痛いといった身体的な症状が現れることがあります（うつ病の症状の重さや、治療が必要な期間には個人差があります）。思考がネガティブになり、時には死にたいと考えることもあります。励ましや説教はせず、本人のつらい気持ちを聴き、きちんと通院や治療が続けられるように支援しましょう。

適応障害

適応障害は特定の環境や状態がストレスとなって発症します。例えば、環境の変化（転職や転勤など）があったときに、そのストレスにうまく対処できないと、誰もが発症するおそれがあります。

症状としては、憂うつ感、不安感、頭痛、不眠など、人によってさまざまです。ストレスの原因から離れることで、６か月以内に症状が軽快するとされています。

双極性障害

気分が高まったり落ち込んだり、躁（そう）状態とうつ状態を繰り返す病気で、以前は躁うつ病と呼ばれていました。躁状態では、眠らない、活動的になる、浪費をする、過大な自信を持つ、他人に高圧的な態度をとるといった症状がみられます。

躁状態のときは本人が病気だと気づきにくく、なかなか受診に至りません。放置してしまうと、再発をくり返し状態が悪化するおそれがあるため、周囲の気づきが重要です。うつ状態のときに受診をする人が多いため、医師もうつ病との判別が難しく、治療がうまくいかないこともあります。

パニック障害

パニック障害は前触れなく突然、動悸、呼吸のしづらさ、胸の圧迫感といった非常に苦しい症状が現れ、「このまま死んでしまうのではないか」という強い不安に襲われます。

楽な姿勢でゆっくりと呼吸をすれば、通常5～20分、長くても1時間程度でおさまりますが、何度も発作を繰り返します。そのため、また発作が起こるのではないかという恐怖心から電車や飛行機に乗ったり、外出したりすることが難しく、社会生活に支障をきたすことがあります。また、吐き気、めまい、震え、ふらつき、手足のしびれなどの症状が現れることもあり、他の病気による症状でないことを確認したうえで早めに治療することが大切です。

社会不安障害

人に注目される、人前で恥ずかしい思いをすることに恐怖を感じ、大勢がいる場で強い苦痛を感じる病気です。人からどのように見られているのかを必要以上に気にしてしまい、不安や緊張から赤面、発汗、ふるえ、腹痛などの症状が現れることもあります。

症状が起こることに対する不安から、人が集まる場所を避けるようになり、社会生活に大きな支障をきたします。カウンセリングで考え方を修正し、あえて不安な状況下で訓練するなどして、対処方法を身につけます。

統合失調症

統合失調症の特徴的な症状は、幻覚や幻聴、妄想などです。抑うつ、無気力、倦怠感といったうつ病に似た症状もあります。これまで楽しめたことに興味を示さなくなり、喜怒哀楽の感情の変化が乏しくなります。疲れやすく集中力が保てないため、仕事の効率が低下します。また、入浴や着替えが億劫になり、清潔を保てなくなることもあります。

続統合失調症の原因は解明されていませんが、性格や気質、ストレスやよって脳の機能に問題が起こり発症すると考えられています。再発しやすい病気ですが、適切な治療を行えば回復します。自己判断で治療を中断すると再発しやすいため、きちんと治療を続けることが重要です。また、周囲の人は、幻覚や幻聴、妄想について否定するような発言は避け、疲労が伺えるときは休養を促しましょう。

アルコール依存症

アルコール依存症は、飲酒量や飲むタイミングがコントロールできなくなり、次第に量や回数が増え、酒をやめられない状態に陥ります。身体、仕事、家庭へ悪影響をもたらし、家庭では暴言や暴力が絶えず離婚に発展したり、職場では欠勤や仕事上のトラブルで迷惑をかけたりします。また、飲酒運転による重大事故発生につながるおそれもあるため、職場で気づいた場合は専門医を受診するよう促しましょう。本人に病気の意識がなく、受診を拒むことも多いため、そのようなケースでは、まずは家族に連絡し、家族だけでも専門医に相談するように依頼しましょう。家族が相談できる専門の窓口があります。

3　診断書に記載されることが多い「状態や症状」

前述した精神疾患のようにはっきりとした診断名がつかず、診断書に状態や症状が記載されている場合があります。休職にならないケースもありますが、職場に提出される診断書でよく目にするものを紹介します。

うつ状態・抑うつ状態

憂うつな気持ちや気分が落ち込んだ状態が続くことを「うつ状態・抑うつ状態」と呼び

ます。うつ病との違いは、「一時的」な気分の落ち込みという点です。統合失調症、双極性障害、適応障害、認知症などでもうつ状態・抑うつ状態になることがあります。

自律神経失調症

ストレス、生活習慣の乱れ、ホルモンの影響（甲状腺ホルモン・女性ホルモン）により、自律神経のバランスが崩れて身体症状、精神症状が現れます。症状は多岐に渡ります。

自律神経失調症という名称は、自律神経が正常に機能しないことによって起こるさまざまな症状の総称で診断名ではありません。

睡眠障害

睡眠障害とは、睡眠に何らかの問題がある状態のことを言います。睡眠に関連したさまざまな病気をまとめて睡眠障害と呼んでいます。

寝付けない、眠りが浅い、途中で目覚めてしまう、睡眠中に無呼吸になるなどの状態が続くと、心身の健康に影響をきたします。生活習慣病やうつ病の発症リスクが高くなるほか、日中の眠気によってヒューマンエラーや事故を起こす危険もあります。

4　女性特有のメンタルヘルス不調

女性のうつ病患者数はどの年代でも男性より上回っています。女性はホルモンバランスの急激な変化、ライフイベント（結婚、妊娠・出産、育児、介護など）による環境・役割の変化がメンタルヘルス不調のきっかけになることがあります。

更年期障害

一般的には50歳前後で閉経となりますが、ホルモンバランスが乱れやすいその前後45〜55歳頃を更年期と言います。更年期の症状には、不眠、不安感、抑うつ、倦怠感など、うつ病に似たものがあります。更年期の女性は仕事・家庭での役割が大きく変化する時期でもあり、ストレスがかかるため、メンタルヘルス不調への注意が必要です。

月経前症候群（ＰＭＳ）と月経前不快気分障害（ＰＭＤＤ）

月経（生理）の約３〜10日前から不安感、イライラ、頭痛、めまい、不眠、疲労感、集中力の低下などさまざまな症状が現れるのが、月経前症候群（ＰＭＳ）です。

月経前に激しいうつ状態や自己否定感、激しい不安感や情緒不安定、攻撃的になる、自殺衝動におそわれるなどの強い精神症状が複数現れるのが、月経前不快気分障害（ＰＭＤＤ）です。

ＰＭＤＤは、うつ病の治療薬が有効とされています。なお、ＰＭＳとＰＭＤＤはどちらも、月経がはじまると症状が消失します。

5　職場での対応が難しい障害や疾患

発達障害は本人に自覚があって、不得意なことを改善するための対処ができている場合は、対応しやすいのですが、本人が無自覚の場合は対応がやや難しくなります。

また、パーソナリティ障害は診断や治療が難しいだけでなく、そもそも本人が無自覚で通院に至るまでに時間を要するケースが多いです。職場ではパーソナリティ障害が疑わしい従業員が、度々人間関係のトラブルを起こすため、周囲の人が疲弊して、産業医や産業保健スタッフに相談にくることがあります。

発達障害

発達障害は脳の働き方の違いが原因で、得意・不得意の差が大きく日常生活で困難が生じます。

職場においては、発達障害の特性によって仕事が思うようにいかず、悩みやストレスが続いて、うつ病や睡眠障害を併発するケースも多くみられます。

●自分の考えを伝える、相手の気持ちを察するのが苦手で、特定のことに強い興味や関心を持つのが「自閉スペクトラム症／ＡＳＤ」の特徴です。

●落ち着きがなく、不注意でケアレスミスが多い、時間や約束を守れない等の特徴があるのが「注意欠如・多動症／ＡＤＨＤ」です。

●読み書きや計算が困難なのが「学習障害／ＬＤ（限局性学習症／ＳＬＤ）」です。

パーソナリティ障害

パーソナリティとは、個性や人柄という意味です。パーソナリティ障害は、いくつか種類がありますが、10代後半から20代前半頃に発症することが多い精神疾患です。頑固で柔軟性がない、考え方の偏りが激しい、常識を逸脱した言動を繰り返すため、人間関係のトラブルが絶えません。本人に自覚がないと改善が難しいため、周囲の人が巻き込まれて疲弊し、メンタルヘルス不調に陥ることもあります。

パーソナリティ障害の人は特定の人に執着しやすいので、職場で関わるときは、距離感を保つことと、複数で対応して1人に負担がかからないようにすることが重要です。

また、本人も人間関係でストレスを抱え、生きづらさを感じているため、社会に適応できるように考え方や言動を修正する治療が必要になります。

認知症

認知症は脳細胞のダメージが原因なので、メンタルヘルス不調とはメカニズムが異なります。症状はさまざまで、物忘れや判断力の低下、情緒不安定、気分の落ち込みや無気力など、多岐に渡ります。

高齢者だけでなく、若い人でも発症することがあり、若年性認知症といいます。若年性認知症は、うつ病や更年期障害などと間違われることもあります。

進行の度合は個人差があるため、職場では症状に応じて対応します。例えば配置換えをする、障害者手帳の取得と提出に協力してもらえるのであれば、障害者雇用に切り替えることも検討します。

6　診断名にとらわれない対応と専門家との連携が重要

メンタルヘルス不調の対応は一筋縄ではいかない

さまざまな精神疾患の症状や職場での対応について、基本的なことを解説しましたが、症状や経過、治療期間には個人差があります。「適応障害は休めばすぐ治るんでしょう？」「統合失調症はなかなか治らないんですよね？」などの質問をされることがありますが、職場で対応するときは診断名で先入観を持たず、それぞれの症状や業務遂行能力から判断しましょう。

また、メンタルヘルス不調の対応は、一筋縄ではいきません。特に発達障害やパーソナリティ障害、認知症は人事労務担当者や管理職だけで対応しようとすると、さまざまな問題を抱え込むことにもなりかねません。

私も職場の状況と本人の状態に悩みながら、試行錯誤して日々対応しています。皆さんが振り回され過ぎることがないよう、それぞれの専門家に早めに協力を仰ぎ、個々の状況に合わせた対応をしていきましょう。

ポイント

⑨ 日々の生活でストレスがかかり、憂うつな気持ちになったり、気分が落ち込んだりすることは誰にでもあることです。

⑩ うつ病は、ネガティブになり、死にたいと考えることがあるため、励ましや説教はせずに、本人のつらい気持ちを聴き、通院や治療を続けるように支援しましょう。

⑪ はっきりとした診断名がつかず、診断書に状態や症状が記載されている場合があります。

⑫ 女性は、ホルモンバランスの急激な変化やライフイベントによる環境・役割の変化がメンタルヘルス不調のきっかけになることがあります。

⑬ 職場での対応が難しい発達障害やパーソナリティ障害、認知症などは、それぞれの専門家と連携しながら対応をしていきましょう。

⑭ 職場で対応するときは診断名で先入観を持たず、それぞれの症状や業務遂行能力から判断しましょう。

第3章

メンタルヘルス不調に気づくポイント

1　メンタルヘルス不調になりやすいタイミング

従業員のメンタルヘルス不調に早く気づくポイント

特に問題のなかった従業員が、急にメンタルヘルス不調に陥ることは珍しくありません。ある日突然、休職の診断書が出されたら「え！　急にどうして？」と皆さんは驚き、疑問に思うでしょう。

では、何かしらの兆候はあったのでしょうか。どこに注目すれば、メンタルヘルス不調に気づくことができるのでしょう。ここでは、従業員のメンタルヘルス不調に早く気づくための重要なポイントを説明します。

仕事に上の役割や環境の変化があったとき

次に示すような変化があったときは、メンタルヘルス不調を起こしやすいので、注意深く観察しましょう。

●新卒入社・中途入社

●担務変更・部署移動
●昇進
●転勤（海外赴任・単身赴任）

特に新卒入社の従業員に対しては、人事労務担当者や産業保健スタッフによるセルフケア教育の機会を設けるとよいでしょう。メンタルヘルス不調になりそうなときは、早めに相談できるように各種相談窓口を新入社員研修で紹介していくことをおすすめします。

担務変更や部署異動は、新たな業務に慣れるまでストレスがかかりますし、昇進は一見すると喜ばしいことのように思えますが、プレッシャーからメンタルヘルス不調になることも多く、「昇進うつ」という言葉もあるくらいです。

海外赴任者については、状況が把握しづらいので、定期的にオンライン面談を実施し、仕事や海外生活の悩みがないか確認しましょう。なお、健康診断やストレスチェックを受けるように促し、心身の健康状態を自己管理してもらいましょう。もし、なにか心配なことがあれば自主的に相談するよう伝えましょう。

また、単身赴任の場合は孤独感だけでなく、家事負担によるストレスも増加します。一方、家族帯同の場合は、家族が新たな環境に馴染めずメンタルヘルス不調に陥り、本人がその影響を受けることも懸念されます。

さまざまなケースがあると思いますが、従業員に影響を与えている家族の状況も踏まえた対応を検討しましょう。

業務上の問題が発生したとき

業務上の問題が発生したとき、当事者はつらい状況に立たされます。また、その対応に追われてメンタルヘルス不調に陥るおそれがあります。優先的に声をかけて、当事者のつらい気持ちに寄り添いながら、一緒に問題の早期解決に努めましょう。

また、業務で労働災害（負傷、死亡）が発生すると、その業務に対するトラウマや不安から、メンタルヘルス不調を発症する従業員もいます。

●大きなミスをした
●多額の損失を出した
●理不尽なクレームを受けた
●労働災害に遭った・周囲で労働災害が発生した

身体的負荷によるストレス

職場におけるメンタルヘルス不調は過労も大きく影響します。働きすぎで睡眠時間が削られたり、肉体労働で疲労がなかなか回復しないことがきっかけになることもあります。身体的負荷が大きいときは、しっかりと休養をとらせましょう。

- 長時間残業
- 出張業務
- 深夜業務や危険業務

職場の人間関係によるストレス

職場や取引先の人間関係がこじれている、職場でハラスメントにあった、いじめで周囲から孤立しているといった事象が発覚した場合は、放置せずにすぐに声をかけ、一緒に対策を検討しましょう。

職場環境の悪化は、当事者だけでなく周囲の従業員へも影響しますので、早めの対応が重要です。

- 職場や取引先の人間関係で問題が生じている

●ハラスメントにあっている
●職場でいじめが起きている

プライベートのストレス

仕事のストレスに加えて、プライベートでのライフイベントやさまざまな問題が、強いストレスとなり、それらにうまく対処できずにメンタルヘルス不調に陥るケースはかなり多いです。次に示すようなプライベートでのできごとは、強いストレスがかかるため注意しましょう。

●家族や親族、パートナーとの死別
●本人の病気やケガ
●家族の病気やケガ
●離婚・別居
●結婚
●失恋・パートナーの浮気
●不妊治療・妊娠・出産

- ●引越し
- ●子どもの進学・転校・受験・不登校
- ●親の介護
- ●家庭内暴力
- ●借金
- ●災害

プライベートな問題に皆さんが介入するのは難しいと感じるでしょうが、私がこれまでに対応したケースの多くは、仕事だけが原因ではありません。死別の悲しみから立ち直れない、離婚後に意欲や食欲がなくなり仕事が手につかなくなった、失恋のショックで眠れないといったケースもあります。

最近では、不妊治療、子どもの不登校、親の介護で悩む従業員も多く、１人で抱え込んでしまいメンタルヘルス不調を発症するケースも増えています。

業務に直接関係ないと思われるプライベートでの悩みですが、放置すると仕事に支障をきたすおそれもあるので、早めに話を聴き、状況に合わせた対応をしましょう。

2　早めに気づくためのポイント

外見の変化に注意する

メンタルヘルス不調によって、外見に変化が現れることも多く、本人の自覚がなくても周囲が気づくケースもあります。観察するポイントは「以前と比べてどうか」という点です。もし次のような変化が見られた場合は要注意です。

●急にやせた・太った
●表情が乏しくなった
●清潔感がなくなった（無精ひげ・衣服の汚れ・髪が整えられていない）
●体臭や口臭がきつくなった・酒臭い
●化粧が極端に濃くなった・化粧をしなくなった
●極端に派手な格好・地味な格好になった
●アトピー性皮膚炎の悪化・蕁麻疹（じんましん）・円形脱毛症
●不自然な傷（リストカット）やあざがある

言動の変化に注意する

言動の変化はメンタルヘルス不調のサインのかもしれません。普段の様子をよく知っている身近な人がそのサインに気づくことも多いです。メンタルヘルス不調の症状はさまざまで、活気がなくなる疾患もあれば、異常に活動的になったり、他人に攻撃的になったりする疾患もありますから、「普段の様子」と違うときは、注意深く観察しましょう。

- 感情の変化が激しくなった
- 不平不満が多くなった
- 独り言が増えた
- 他人の視線を気にするようになった
- 勤怠の乱れがある（遅刻・早退・欠勤が増えた）
- ぼんやりしていることが多い
- ミスや物忘れが増えた
- 突然泣き出すことがある
- 落ち着きがなくなった
- 早口・おしゃべりになった

●暴言を吐く、暴力を振るう
●活動的、ハイテンションになった
●食欲の低下
●居眠りをするようになった
●支離滅裂なことを言う
●被害妄想

本人の性格

性格はメンタルヘルス不調と関係があります。ストレスを溜めやすい性格で、ギリギリまで頑張ってしまうと、うつ病などを発症することがあります。もともとの性格が次のような従業員は要注意です。

●真面目
●几帳面
●社交的
●空気を読む

●仕事熱心
●責任感が強い
●完璧主義
●融通が利かない
●献身的
●温厚

メンタルヘルス不調になりやすい性格の人は、空気を読むことができたり真面目で責任感が強かったりするので、周囲から好かれ、頼られる存在であることも多いです。

しかし、他人に弱みを見せずに限界まで頑張ってしまう傾向があり、周囲は「急にどうして?」と驚きます。メンタルヘルス不調になりやすい性格傾向の人は、周りが気づきにくいということを理解しておきましょう。

そして、ストレスをうまく発散できているか、1人で抱え込んでいないか、皆さんが意識的に声をかけましょう。なお、このようなタイプは自分の性格傾向を知り、ストレスケアをすることや、自発的な相談ができるようになることも重要です。従業員向けにセルフケア教育を実施し、メンタルヘルス不調の発症予防に努めるとよいでしょう。

ポイント

⑮ 担務変更や昇進、転勤など仕事上の役割や環境が変化したときは、メンタルヘルス不調を起こしやすいので、注意深く観察しましょう。

⑯ 業務上の問題が発生したときは、優先的に声をかけて当事者のつらい気持ちに寄り添いながら、一緒に問題の早期解決に努めましょう。

⑰ メンタルヘルス不調は、働き過ぎや肉体労働などによる過労も大きく影響します。

⑱ 職場環境の悪化は、当事者だけでなく周囲の従業員へも影響しますので、職場の人間関係の問題には早めに対応しましょう。

⑲ プライベートな悩みを放置すると仕事に支障をきたすおそれがあるので、早めに話を聴き、状況に合わせた対応をしましょう。

⑳ メンタルヘルス不調の兆候に早めに気づくために、外見や言動の変化に注意しましょう。

㉑ メンタルヘルス不調になりやすい性格傾向の人は、周りが気づきにくいということを理解し、意識的に声をかけましょう。

第4章 メンタルヘルス不調が疑わしいときの声かけ

1　声をかけるタイミング

気になったら早めに声をかけよう

もしかしたら、メンタルヘルス不調かな？　どうしたらいいだろうか？　どう声をかけようか？　と悩んで様子をみているうちに、どんどん症状が悪化してしまうかもしれません。気になったらできるだけ早めに声をかけましょう。

では、どんな声かけをしたらよいでしょうか。

Aさん、Bさん、Cさんの事例で、声をかけるタイミングについて説明します。皆さんならどのタイミングで声をかけるか、事例の課長になったつもりで考えながら読み進めてください。

事例から声かけのタイミングを学ぶ

■Aさんの事例

入社2年目のAさんは、最近になって出勤時間がだんだん遅くなっているようです。フレックスタイム制を導入しているため、勤怠に問題はありません。ただ、先月までは早めに出勤して、入念に仕事の準備をしており、メールで連絡するとその日のうちに返信がきていました。

ここのところメールの返信が遅いので、業務の遅れがないか気になり、お昼休みに声をかけようと思いましたが、Aさんは珍しく自分のデスクで仮眠をとっていたので、課長は「疲れているのかな?」と思いそっとしておきました。

■Bさんの事例

中途採用のBさんは、いつも笑顔を絶やさず、明るく真面目で同僚から好かれています。事務職から営業職へ転職したため、成果を上げようと毎日必死に努力しているようです。

課長がBさんと取引先に出向いたとき、昼食をとりながら仕事の悩みはないか尋ねました。Bさんは「周りに遅れないように、頑張るしかないです」と言ったので、「期待しているよ」と伝えると、突然泣き出してしまいました。どうして泣くのか理由がわからず、ひとまずなだめて職場に戻りました。数か月後、Bさんは電車内で突然胸が苦しくなり、呼吸ができないような感覚になったと課長に連絡してきました。さらに「自信がないので退職したい」と言ってきました。

■Cさんの事例

うつ病による休職から職場復帰し、3か月が経過した経理のCさんは、欠勤することもなくすっかり元気になったようです。症状が安定していれば、残業しても構わないと主治医に言われたそうで、最近は遅い時間まで残業をしています。課長は、Cさんのメンタルヘルス不調が改善し、体力も戻って順調なんだろうと思い「調子がよさそうだね」と伝えました。それからしばらくして、同僚から「最近Cさんは仕事で些細なミスを繰り返していて、仕事のスピードが落ちている。そのせいで残業が増えているのではないか」と聞きました。その後Cさんは徐々に無断欠勤をするようになってしまいました。

少し気になる様子をさらりと流していないか

これらの事例に共通しているのは、少し気になる様子があったけれども、それを重要なことと捉えずに、課長がさらりと流してしまっている点です。

Aさんの場合は出勤時間が遅くなった、メールの返信が遅くなった、昼休みに珍しく仮眠をとっていた、とあります。１つだけの変化なら「気のせいかな？」と思うかもしれませんが、さまざまな変化に気づいたときは、まず声をかけてください。

Ｂさんの場合は、いつも笑顔で明るい性格なのに突然泣き出してしまった、とあります。部下に泣かれてしまい、動揺した課長はひとまずなだめたのでしょう。しかし、そのまま放置せず、改めて時間をとって、泣き出した理由を聴くとよかったと思います。責任感が強く、弱みを見せないタイプの場合は、変化に気づくのが難しいですが、少しでも気になるときは、「心配している」「もしよければ話してほしい」と伝えましょう。

Ｃさんの場合は、職場復帰３か月で残業時間が増えています。順調と判断するか、パフォーマンスの低下と判断するか、本人に確認して評価する必要があったと思います。そのため、残業時間が増えたタイミングで声をかけるようにしましょう。

皆さんはＡさん、Ｂさん、Ｃさんにどのタイミングで声をかけようと思いましたか。声をかけるタイミングは「少し様子が気になるとき」なので、迷わず早めの対応を心がけましょう。また、声かけの言葉にも配慮しましょう。是非、もう一度事例を読み返して、どのタイミングでどのように声をかけようか、考えてみてください。次に、参考として望ましくない声かけを紹介します。

望ましくない声かけの例

「急にどうしたの？　つい最近まで元気そうだったじゃない」

「気持ちが弱いんじゃないのか。そのくらいのストレスは誰だってあるだろう」

「それは心の病気だから、すぐに精神科を受診したほうがいいんじゃないか？」

「その程度のこと、気にし過ぎじゃないか？」

「そんな状態で仕事をしても、周りに迷惑をかけるから、休職したほうがいい」

「誰かに相談したの？　こうなる前にもっと早く相談してほしかった」

「で、あなたはどうしたいの？」

「辞めたいなら辞めてもいいんだよ。つらい思いして無理する必要ない」


メンタルヘルス不調のときは、気持ちが落ち込んだり、他者からの言葉に敏感になったりします。ですから、相手の状況を理解しようと努め、傷つけてしまうような言葉を使わないように注意しましょう。

また、事例のBさんのように責任感が強く、弱音を吐かないタイプは、早めに相談するという行動がとれないので、皆さんから意識的に声をかけるようにしてください。

ちなみに、「あなたはどうしたいの?」と本人に決断させることや、「仕事を辞めたい」と言ってきたときに、すぐにそれを支持するような対応はやめましょう。メンタルヘルス不調者は判断力が低下していることがほとんどです。症状が回復するまでは、重要な決断はせずに、ひとまず保留にするよう伝えましょう。症状の回復のために、受診や治療が必要であれば、まずはそちらを優先することが大切です。

では、次に望ましい声かけの例を示します。皆さんの考えた声かけと照らし合わせてみましょう。

望ましい声かけの例

「ここのところ、以前と様子が違うから、とても心配しているよ」
「もしよければ、どんな状況なのか詳しく話してくれないかな?」
「それは、つらかったですね」(「つらい」「苦しい」といった本人の感情の言葉をそのまま伝え返す)

「そうだったんですね、話してくれてありがとう」

簡単な声かけですが、まずはここからはじめましょう。難しく考えず「無理に話さなくてもよいけど心配しているから、もしよければ話してほしい」という気持ちと、聴く姿勢が相手に伝わるようにしましょう。

そして、他人に言いにくい悩みを話してくれたことに対し、ありがとうと感謝の気持ちを伝えましょう。

2　詳しく話してくれないときは

他の相談窓口を紹介する

もし、声をかけて話を聴く姿勢をみせても、本人が詳しく話そうとしないときは、どうすればよいでしょうか。

本人が弱みをみせたくない、プライベートなことを知られたくない、話すことで不利益を被るかもしれない、個人情報が漏れないだろうかなどと思っているかもしれません。そのような従業員のためにも、相談窓口は複数用意しておきましょう。

皆さんの職場には、仕事の悩みやプライベートの悩みについて気軽に相談できる窓口はありますか。窓口はあっても、ハラスメントやプライベートの悩みは、内部の人には話せない、という意見も多く聞かれます。

また、相談に応じる人事労務担当者や管理職が、どんな悩みにも対応できるとは限りません。なんでもかんでも皆さんに相談されては、きっと困ると思います。

介入が難しいと感じる相談では、「面倒なことに巻き込まれたくない」とも思うでしょう。そんな気持ちで対応すれば、相手との関係がこじれてしまうリスクもあります。

皆さんがすべて抱えるのではなく、自分の職務の範囲内で手を尽くす、ということが前提です。範囲を超えた、介入の難しい相談内容については、他の専門家へつなぐことをおすすめします。例えば、産業保健スタッフがいれば面談を依頼する、ＥＡＰを導入していればのその利用を従業員に促すところまでの対応をしましょう。

特に、外部ＥＡＰは従業員が気兼ねなく相談できるところが最大のメリットだと私は感じています。それに対して内部ＥＡＰは、プライベートなことや業務上の不満、ハラスメントなどの悩みが相談しづらいという従業員も少なくありません。最近の外部ＥＡＰサービスはメンタルヘルスに限らず、ハラスメントの悩みや、身体の不調、家庭環境、経済的な不安、キャリアに関することなど、幅広く相談を受け付けています。

また、365日24時間利用できたり、悩みの種類に応じてそれぞれの専門家が対応してくれるサービスもあります。企業にとっては、相談員を内部に配置するコストを削減できるメリットもあります。

ただ、EAPの利用率が伸びていない企業も現実には多いようです。せっかくEAPを整備しても、認知度が低く活用されないのはもったいないので、従業員に活用方法を紹介したり、利用のメリットをアピールするとよいでしょう。

話そうとしないときは

話は戻りますが、声をかけても詳しく話そうとしないときは、1~2週間様子をみながら、もう一度声をかけましょう。

それでも話してくれない、でも相変わらず様子が心配なときは、人事労務担当者や管理職が、産業医等産業保健スタッフに相談し、当該従業員の対応方法についてアドバイスをもらいましょう（図表2参照）。

〔図表2　従業員の様子が気になるとき〕

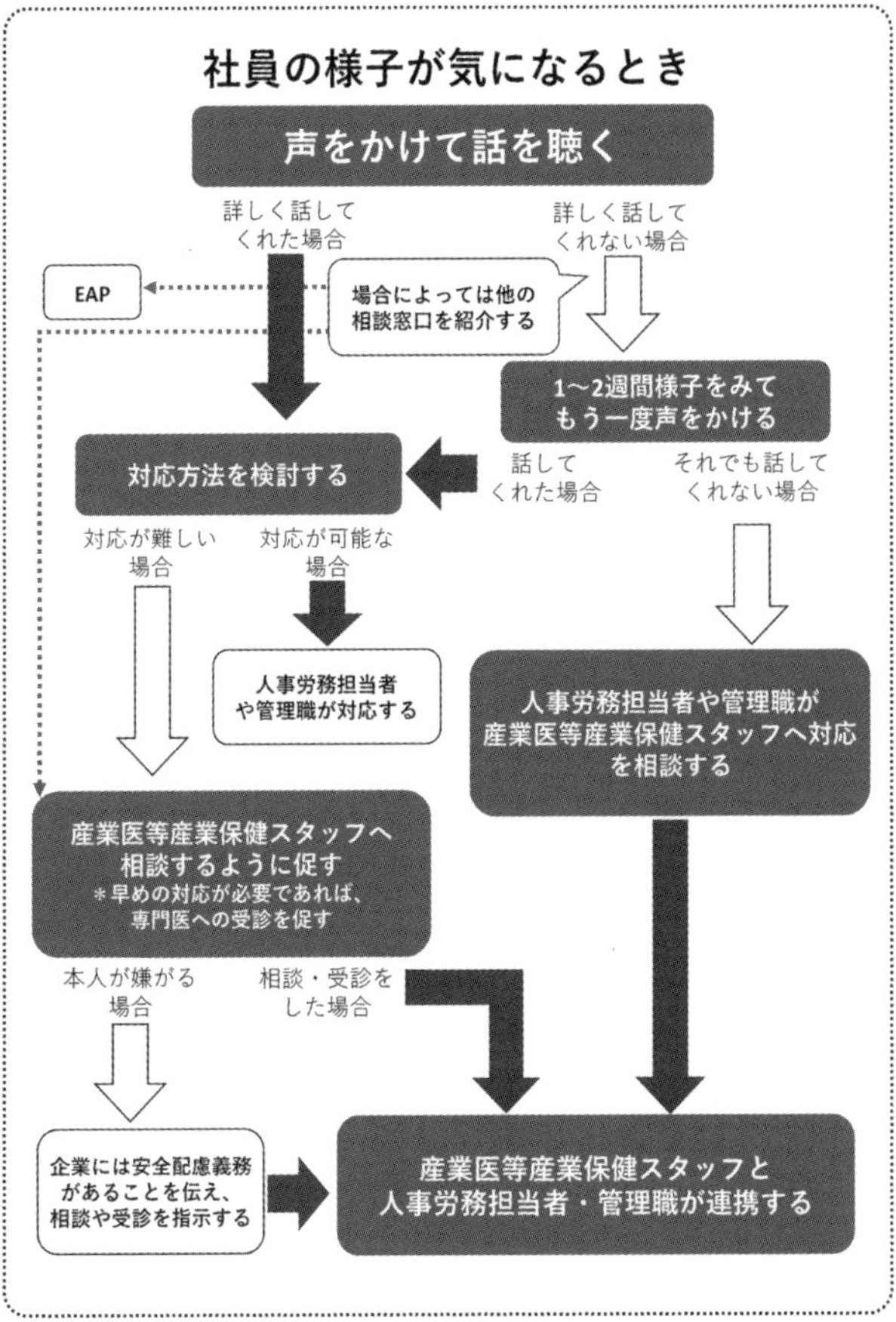

3　声かけ後の産業保健スタッフとの連携

なかなか受診しないときは

メンタルヘルス不調が強く疑われる場合は、無理に管理職が1人で対応しようとせず、本人に産業医等産業保健スタッフに相談するように促すとよいでしょう。また、早めの受診が必要だと感じたときは、専門医（心療内科・精神科）への受診を促しましょう。

心療内科や精神科の受診をすすめるときは、「受診することは考えているの？」など、少しソフトな言い方を心がけましょう。いきなり「それはうつ病かもしれないから精神科を受診したほうがいいんじゃないか」とストレートに言うと、自分を否定された気持ちになる従業員は少なくありません。

受診を拒否する、受診をすすめてもなかなか受診しない場合は、管理職として心配している点に加え、業務に支障をきたしている具体的な事象を示し、安全配慮義務の観点から受診の必要性があることを説明しましょう。受診時には、就業上の配慮が必要かどうか、本人から主治医に確認してもらいましょう。受診後は早めにその内容を確認して、適切に対処しましょう（図表2参照）。

受診先の選び方

メンタルヘルス不調では、どのような病院を受診するのがよいでしょうか。自宅近くの通いやすいところを選ぶ従業員が多いですが、職場復帰後の通院を考慮して、勤務先の近くを選ぶケースもあります。

そのため、職場周辺で信頼できる精神科や心療内科の情報を収集しておくとよいでしょう。なかには、ホームページの雰囲気や利便性だけで選んで、失敗してしまケースもあります。長く付き合うことになる病院ですので、失敗しない選び方のポイントについて説明します。まず、メンタルヘルス不調に対応する病院には、いくつか種類があります。

●精神科：うつ病や双極性障害、統合失調症などの精神疾患を専門に治療します。入院治療を受けることもできます。

●心療内科：ストレスが原因となる身体的な症状に悩んでいる患者を専門に診る診療科です。症状の軽い精神疾患であれば治療を受けることができます。

●メンタルクリニック：精神科と心療内科のどちらの要素も含みます。主に入院ではなく通院で治療する診療所のことを指します。

●神経内科：精神科や心療内科と混同されやすいですが、神経内科は中枢神経や末梢神経の疾患を専門に診る診療科です。認知症は神経内科で治療することがあります。

よい病院を探すポイント

では、次によい病院を探すときのポイントについて示します。ホームページなどでこれらの情報を確認してから受診しましょう。

●医師の経歴が掲載されており、「精神科専門医」や「精神保健指定医」資格を保有している

●担当医表に医師名が記載されている（非常勤の医師ばかりで対応していないか）

●医師の診察や治療に対する姿勢、考え方

●クチコミの内容

●通いやすい場所にある

病院によって治療方針が異なる、医師の経験にも差があることが多いので、慎重に選びましょう。できれば「専門医」など、精神疾患に対する経験と知識がある医師に、継続的

に治療してもらうことをおすすめします。非常勤の医師ばかりで対応しているようなところは、治療方針も安定せず、医師が交代することも多いため避けるのが無難です。

なお、合うかどうかは医師との相性もあるので、受診してみないとわからないこともちろんあります。

もし、皆さんが、従業員から「どの病院を受診すればよいかわからない」と相談されたら、選択肢の1つとして、職場周辺の信頼できる病院を紹介してあげると親切かと思います。

いつも同じ医師が従業員の対応をしていれば、医師も業務内容や職場の状況が把握しやすく、休復職の対応もスムーズに進みやすいというメリットがあります。皆さんが対応に困ったときにも、比較的相談しやすくなります。職場の近くであれば、従業員が通院を継続しやすいですし、もし皆さんが付き添うことになった場合でも、近いととても便利です。

ちなみに、産業保健スタッフが「よい医師」を見つけるのも仕事だと私は思っています。産業医や産業保健スタッフに、信頼できる医師を紹介してもらうのもよい方法です。

受診を促したほうがよいケース

受診を促すべきか判断に迷うときは、次のポイントを参考にしてください。

●頭痛や腹痛、睡眠障害など、明らかな症状があり、業務への影響が懸念される
●仕事のパフォーマンスが、以前に比べて明らかに低下している
●感情コントロールができず、職場の人間関係で頻繁にトラブル起こしている
症状も業務への支障も特にないのに「とりあえず受診をすすめる」という対応は適切ではありません。業務に支障をきたしている状況を従業員に説明できると説得力があります。

ポイント

㉒ メンタルヘルス不調かなと感じたらできるだけ早めに声をかけましょう。
㉓ メンタルヘルス不調者は他者の言葉に敏感になるため、傷つけてしまうような発言はしないように注意しましょう。
㉔ 声をかけても詳しく話そうとしないときは、他の相談窓口を紹介しましょう。
㉕ メンタルヘルス不調が強く疑われる場合は、産業医等産業保健スタッフに相談するように促したり、信頼できる専門医（心療内科・精神科）への受診を促しましょう。
㉖ 従業員に受診を促すときは、業務に支障をきたしている状態であることを説明しましょう。

第5章　面談での注意点

面談で話を聴くときは、事前の準備も大切です。環境をしっかり整えることからはじめましょう。また、面談では、人事労務担当者や管理職の悪気のない行動や発言に、「向き合ってもらえなかった」とか「ひどく傷ついた」と心を閉ざしてしまうことがあります。そうならないために、面談で注意すべきポイントを解説します。

1　安心して話せる環境をつくる

面談場所について

適切な面談場所を確保し、予め相手に場所を伝えて安心感を与えましょう。

できれば外からの視線が気にならない個室がベストです。個室で面談する場合は、きっちりとドアを閉める、または少し開ける、どちらにすればよいか相手の希望を確認しましょう。

なぜなら、きっちり閉めてプライバシーに配慮したつもりでも、密室に恐怖や不安を感じてしまう従業員もいるからです。

また、人事労務担当者や管理職と個室で2人きりになることに抵抗感を感じる従業員に対しては、もう1人同席してもらいましょう。ひとそれぞれ話やすい距離感があると思いますので、座る位置などは相手に委ねましょう。一般的には、部屋の出入り口近くに従業員に相手に座ってもらうほうが圧迫感が少なくなります。

多くの場合は真正面よりも、相手と90度の位置に座ると、目線を適度に合わたり外したりしやすいため、話しやすいようです。

面談時間について

30～45分程度の時間を確保し、予め相手に開始時間とおおよその終了時間を伝えておきましょう。面談時間が長すぎても疲れてしまいますし、終了時間が決まっていれば安心しますので、お互いが見える位置に時計を準備しましょう。30～45分という時間では解決できないかもしれませんが、相手の疲労も考えて、一度区切りをつけ、改めて次の面談を設定しましょう。

次の面談までにどのくらい間隔をあけるかは状況によります。

すぐに受診が必要な状態であれば、受診日を決め、受診後に速やかにもう一度面談を実施し、状況を確認しましょう。

個人情報の保護に関する説明

面談の目的を伝えるとともに、面談で得た個人情報はどのように活用するか、誰と共有するかを先に説明し、本人の同意を得ましょう。

面談の最初に「この面談で話した内容は、業務上、必要な範囲で管理職の○○と産業医の○○が共有します。それ以外に、あなたの同意なく共有することはないので安心して話してください。どうしても共有してほしくないことがあれば、遠慮なく申し出てください」などの説明をしておきましょう。

個人情報の流出や、相手に不利益になるようなことが絶対にないよう、細心の注意を払いましょう。

ただし、個人情報保護法では生命や身体の保護が目的であれば、本人の同意が得られなくても、第三者に例外的に個人情報を提供できることになっています。

もし、面談で「死にたい」「消えてしまいたい」のように自殺をほのめかす発言がある場合は、本人の同意が得られなくても家族に報告しましょう。

落ち着くまでは1人にせず、家族に迎えにきてもらう、精神科の受診に同伴してもらうなどの対応が必要です。

話を聴く姿勢とは

・聴くときの態度

時々、腕を組んだり、足を組んで投げ出すようにしたり、ソファの背もたれにずっしりもたれかかるようにして話を聴いている管理職もいますが、相手に圧迫感や威圧感を与えないように、態度には気を付けましょう。話を聴くときは、少し前かがみの体勢で、話を聴こうとしていることが、相手に伝わるように意識してみてください。

また、真剣に聴くつもりで目を閉じる癖がある人がいますが、失礼な態度と取られるかもしれないので、気を付けましょう。貧乏ゆすりはイライラしている、せかされているように感じるのでやめましょう。表情や声のトーンにも注意して、威圧感のない、話しやすい雰囲気を心がけましょう。

・質問攻撃をしない

「今の仕事が嫌なの？」

「誰かに何か言われたの？」

「プライベートで嫌なことがあったの？」

「セクハラとかパワハラが原因？」

「精神科は受診した？」

「前から心療内科に通っていたの？」

このように、状況を知りたい、原因を突き止めて解決したいという気持ちから、質問攻撃をしてしまうケースが見受けられますが、面談で質問ばかりするのは控えましょう。

次々に質問に答えるような面談では、話したいことが話せず、聴いてもらえなかった、共感してもらえなかったという気持ちになってしまいます。

また、「どうして？」「なぜ？」という言い方は、責められているように感じて、萎縮してしまう人もいます。

最初の面談で、すべて聞きたいことを聞き出そうと躍起にならず、「まずは相手の気持ちに寄り添おう」くらいの感覚で、話に耳を傾けましょう。

皆さんはオープンクエスチョンという質問方法を知っていますか？

オープンクエスチョンとは、相手がある程度自由に答えられる質問方法です。「○○についてどう思う？」や「△△について詳しく話して」など、相手が「はい」「いいえ」で答えられる質問ではなく、感じたことや考えを自由に話してもらう方法です。

このテクニックを使うことで、より多くの情報を聞き出すことができ、ときには「実は…」と普段は話さないようなことも、すんなり話すこともあります。面談は相手に話してもらう貴重な機会なので、皆さんが話す量は3割、相手に7割くらい話してもらう感覚を持ちましょう。

●否定的なことを言わない

私の経験では、メンタルヘルス不調で休職、離職する人のなかには、人事労務担当者や管理職との関係がこじれてしまう人がかなりいます。面談でズバズバと業務上の問題を指摘されたとか、やる気や根性が足りないといった否定的なことを言われたと、私に不満をぶつけてくる従業員もいます。人事労務担当者や管理職は従業員のことを考えて問題を指摘したつもりだと思いますが、うまく噛み合っていないないと感じます。

メンタルヘルス不調者の面談では、相手に問題があった場合でも、いきなりストレートに問題点を指摘せず、ぐっとこらえましょう。メンタルヘルス不調者は否定的な言葉に敏感になっているため、「理解してもらえなかった」「話さなきゃよかった」と悲しみや怒りの感情が湧いて、逆効果になることも考えられます。また、人事労務担当者や管理職が、相手に対して普段からマイナスの感情を持っていると、怠けているから遅刻やミスが多い、やる気がないから仕事が遅いなどと否定的な言葉をかけてしまうリスクがあります。

否定せずに聴くためには忍耐が必要です。忍耐力を身に着けつるには訓練が必要です。相手がどんな人だろうと感情的にならず、職務として相手との関係構築を優先しましょう。そのためには、こちらの感情をフラットにして話を聴くように意識しましょう。

アドバイスして解決を急がない

もっとこうしたほうがいいとか、あなたのここを直すとよい、とアドバイスしたくなる気持ちはとてもよくわかります。

しかし、メンタルヘルス不調に陥る理由は複雑な背景やその人の性格的な問題が絡んでおり、「こうすればよい」とアドバイスしたところで、すぐに解決するのは難しいのが実情です。なお、メンタルヘルス不調を経験したことのある人、対応経験が豊富な人も、アドバイスしがちなので要注意です。

相手の気持ちや状況が想像できるからこそ、「私もそうでしたよ」と言いたくなるかもしれませんが、その言葉は飲み込んで、フラットな気持ちで話を聴きましょう。

メンタルヘルス不調とひとことで言っても、その原因も状況も1人ひとり違います。わかった気になって、アドバイスすることは止めましょう。従業員は「自分とは違う状況なのに、勝手な解釈で、できもしないアドバイスをされていて不快な気持ちになった」と愚痴っているかもしれません。

皆さんはよかれと思って一生懸命アドバイスしているのに、「報われない」「時間の無駄だった」と思うかもしれません。では、アドバイスをせず、どう対応すればよいのでしょうか。

意外に思うかもしれませんが、心理カウンセラーは、最初の面談でアドバイスをすることはほぼありません。まずは相談者の悩みに寄り添うことで信頼関係の構築から始めます。相談者が安心して、自由に話すことができるようになるのを待ちます。徐々に相談者は心を開き、話しながら考えを整理していきます。それを繰り返すうちに、自分を客観視できるようになり、相談者自身が解決策を見つけるのです。

もちろん、第三者によるアドバイスで解決することもありますが、急いで解決しようとして、表面的なアドバイスをするのは控えましょう。なお、人事労務担当者や管理職では対応が難しい場合は、次回以降の面談を産業医や産業保健スタッフなど、対応可能な専門家へつなげることが望ましいです。

電話で話を聴くときの注意点

従業員が出勤できない状況のときは、電話で話を聴くこともあります。ただ、電話に出られないほど調子が悪い場合もあるので、配慮が必要です。

できれば、予めメールでいつ誰が電話をするか、発信元の番号なども伝え、心の準備ができるようにしましょう。なお、センシティブな内容なので、電話の場合も、周囲に話し声が聞こえないように、通話をする場所には注意しましょう。

次回の約束をとりつける

最初の面談で悩みをじっくり聴いてもらえたので、スッキリした、すっかり元気なり、もう大丈夫というケースもあります。反対に、まだまだ大丈夫そうだな、と感じても数週間後に状況が悪化してしまうケースもあります。

面談をしたらそのままにせず、次回の約束をして、約束の日が近くなったら再度「その後、どうですか？」と声をかけ、必要に応じて面談を実施します。

もし、相談がなければ短時間でも構いません。軽い場合でも放置することなく、必ずその後の状況を確認しましょう。

周囲から聞く話と本人の話に差があるとき

周囲の従業員から聞く本人の様子と本人の話がくい違う場合は、客観的な判断が必要なので、産業医の面談を受けるよう促しましょう。人事労務担当者や管理職が面談に同席するのもよいでしょう。

三者面談で、本人がいる前で言いにくい内容は、事前に産業医の耳に入れておくと対応がスムーズです。産業医には、これまでの経過だけでなく、管理職の考えや本人に伝えて欲しくないことを整理して説明しましょう。

2　面談の記録・録音

面談内容を記録しておく

大変かもしれませんが、簡単でよいので「日付、時間、誰が面談したか、面談目的、状況、対応」を記録しておきましょう。産業医に相談する場合も、過去の面談記録があると、経過がわかりやすくスムーズです。万が一、自殺や訴訟問題に発展した場合は、職場で適切な対応をした証拠として面談の記録は重要な資料になります。

また、管理職の交代時の引継ぎ資料としても役に立ちます。どのような場合も、記録は予め決めた関係者のみが閲覧できるようにきちんと管理し、情報を引き継ぐ場合は、本人の同意を得るようにしましょう。

面談の録音について

録音はトラブルのもとになるので、特に社内のルールがないのであれば、基本的に面談の録音はしないことをお互いに約束しましょう。

ただし、会社側が従業員に録音を絶対しないよう強制することは難しいと思います。もしかしたら録音しているかもしれない、という気持ちで面談での言動には注意を払いましょう。

例えば、「そんなにメンタルが弱いんじゃ、うちの仕事は任せられないから辞めて結構」「あなたの代わりに、他の人を雇うからいいです」「そんなにつらいなら無理せずに辞めたらいい」というような解雇を匂わせる発言は厳禁です。理不尽な退職勧奨があったとして訴訟問題に発展し、大きな損害を負うリスクがあります。

また、違法な長時間残業やハラスメントがあることを隠そうとした場合も、民事裁判で争われたときに録音された音声が証拠となるかもしれません。

従業員がメンタルヘルス不調のために情緒不安定で、挑発的なことを言ってくる場合もあります。それに対して激昂し、暴言を吐いてしまうと大変なことになるので、冷静に対応しましょう。

状況によっては腹が立ってひとこと言いたくなってしまうかもしれません。もし、思うところがあったとしても、皆さんの本音はひとまず置いておきましょう。

そして、どんな場合も細心の注意を払って対応することを、人事労務担当者とすべての管理職が共通認識として持っていましょう。そのためには、日頃から意見交換したり、基本的な対応方法など、メンタルヘルスケアに関する知識を身につけておくことが、うまくいく秘訣です。

面談がうまくいくコツ

第５章では面談での注意点を説明しましたが、いかがでしたか。私は、人事労務担当者や管理職が、悩みを抱えている従業員と面談するときに、中立的な立場で、面談が円滑に進むよう同席することがあります。両者が普段からよい関係であれば、穏やかな雰囲気のなか、会話が進みます。ですが、もともと両者の接点がない場合の面談では、従業員が本心を打ち明けなかったり、緊張で言いたいことが言えなかったりします。状況をよく理解するためには、まず話してもらう必要があります。日頃のコミュニケーションで関係を構築し、面談ではリラックスできる雰囲気を心がけましょう。

ポイント

㉗ 適切な面談場所と時間を確保して、相手に安心して話してもらえるように配慮しましょう。

㉘ 面談で得た個人情報は、必ず本人の同意を得て第三者と共有しますが、自殺のリスクがある場合は必要に応じて家族に共有してすぐに対処しましょう。

㉙ 話を聴くときは少し前かがみの姿勢で、威圧感のない、話しやすい雰囲気を心がけましょう。

㉚ 面談では「質問ばかりする」「否定的なことを言う」「アドバイスする」ことは避け、まずは相手の気持ちに寄り添いましょう。

㉛ 面談内容を記録し、予め決めた関係者のみが閲覧できるよう管理しましょう。

第6章

メンタルヘルス不調の原因と対策

メンタルヘルス不調者の話を聴いて、職場環境に原因がありそうなときは、原因を調べて対策しましょう。放置すると、メンタルヘルス不調者が続いて発生するリスクもあるため、早めに職場環境の改善に取り組みましょう。

1　職場環境の点検

組織風土の点検

組織風土は従業員のメンタルヘルスに良くも悪くも影響します。例えばチームワークが少なく個人の業績が重視される職場、管理職が決めたことを従業員が実行する典型的なトップダウン型、細かいルールが多い職場では、ストレスを強く感じる人もいます。ただし、前述したような組織風土はデメリットばかりではありません。

企業利益や生産性、職場の実情を総合的に考えたとき、皆さんの職場がどんな組織風土であることが理想的でしょうか。

まずは従業員の意見を聞いて現状を点検し、1人ひとりの能力が発揮され、活き活きと働けるような組織風土をつくりましょう。

仕事の量や質

長時間残業をしないと業務が終わらない、残業することが当然かのような職場は要注意です。

労働基準法では原則月45時間、年３６０時間を超える残業は禁止されています。例外的にその時間を超える場合も上限が設けられています。人手不足や業務の特殊性から、残業時間がなかなか減らせないという悩みはよく聞きますが、従業員に確実に負担がかかっています。

特に80時間以上残業をしているような場合は、メンタルヘルス不調だけではなく心疾患（心筋梗塞）や脳血管疾患（脳梗塞や脳出血）など、命にかかわる重大な病気の発症リスクが高まることがわかっています。

仕事の質については、かなりの集中力を要する仕事や、高度な知識・技術が必要な仕事、専門性が高く属人化された（特定の人しかその業務の進捗・やり方について把握できていない）仕事、マニュアルがなくその人の判断で行う仕事、ミスが許されない責任の重い仕事などは、ストレスが高くなりやすいので改善を検討しましょう。

なお、そのような仕事に就いていた従業員が休職する場合は、職場に混乱が起こります。

万が一のときでも仕事が円滑に進むように、従業員に改善のアイデアを出してもらう機会を定期的に設けたり、業務のしくみをシンプルしたり、ノウハウを蓄積し誰もが活用できるようなマニュアルを準備するなど、サポート体制を構築しておきましょう。

ハラスメント

相手に精神的・身体的な苦痛や不快感を与える行為、嫌がらせやいじめのことをハラスメントと言います。

ハラスメントを放置すると、離職・うつ病・自殺などに発展するおそれもあるので、防止措置を講じる必要があります。

ハラスメントが起こる職場では、被害者だけでなく、職場秩序の乱れが周囲の従業員にも影響し、メンタルヘルス不調者が発生しやすくなります。

私はハラスメント被害者、加害者の対応をすることがありますが、職場で適切な判断と対応をしないと、周囲の従業員が会社に見切りをつけて退職してしまうこともあります。

また、従業員のなかには、自分が標的になることを恐れて、見て見ぬふりする人もいます。

ハラスメントは、絶対にしない、許してはいけないということを、すべての従業員に教育することが重要です。

職場で起こりやすいハラスメントには次のようなものがあります。

●パワーハラスメント：職務上の地位や人間関係の優位性を利用したいじめや嫌がらせ

●セクシュアルハラスメント：性的な嫌がらせや性的な言動により、就業環境が害されること

●妊娠・出産・育児休業等に関するハラスメント：（マタニティ・ハラスメント、ケア・ハラスメント）妊娠・出産した女性や育児休業等を取得した従業員への嫌がらせにより、就業環境が害されること

●ジェンダーハラスメント：「女性なんだから〜」、「男のくせに〜」などの性別への固定概念に基づいた嫌がらせ

２０２０年6月1日（中小企業は２０２２年4月1日）からパワハラ防止法が施行され、具体的な防止措置を講ずることが義務化されています。

ハラスメント対策をしっかり進めている企業も多いと思いますが、もし従業員の話を聴いて、ハラスメントのおそれがあると感じたら、改めて職場を点検してみましょう（図表3参照）。

〔図表3　職場におけるハラスメント対策〕

職場におけるハラスメント対策

パワーハラスメント対策
セクシュアルハラスメント対策
妊娠・出産・育児休業等に関するハラスメント対策

2020年6月1日からパワーハラスメント防止措置が事業主の義務へ

（中小事業主は2022年4月1日から義務化）

職場におけるパワーハラスメントとは、職場において行われる
① 優越的な関係を背景とした言動であって、
② 業務上必要かつ相当な範囲を超えたものにより、
③ 労働者の就業環境が害されるもの
であり、①から③までの3つの要素を全て満たすものをいう。

客観的にみて、業務上必要かつ相当な範囲で行われる適正な業務指示や指導については、職場におけるパワーハラスメントには該当しない。

事業主が雇用管理上講ずべき措置等

職場におけるパワーハラスメントやセクシュアルハラスメント及び妊娠・出産・育児休業等に関するハラスメントを防止するために、事業主が雇用管理上講ずべき措置として、主に以下の措置が厚生労働大臣の指針に定められている。事業主は、これらの措置について必ず講じる義務がある。

- **事業主の方針の明確化及びその周知・啓発**
- **相談（苦情を含む）に応じ、適切に対応するために必要な体制の整備**
- **職場におけるハラスメントへの事後の迅速かつ適切な対応**
- **併せて講ずべき措置（プライバシー保護、不利益取扱いの禁止等）**

このほか、職場における妊娠・出産・育児休業等に関するハラスメントについては、その原因や背景となる要因を解消するための措置が含まれる。

2　本人の能力について

職場の求める能力に見合っていないとき

本人の能力が、職場の求める能力に見合っていない場合もあります。そのようなケースでは、改めて能力を評価する必要があります。

例えば、かなり難しい業務を、能力の低い従業員が行うのもストレスですし、能力が高い従業員が、職場でまったくその能力を活かせない場合もストレスになります。

対策としては、能力が追い付いていない従業員には必要な教育をする、業務内容を見直し、レベルにあった業務を与えるのが有効です。また、能力が活かせない場合は担務変更をする、人事との調整で可能であれば配置転換をすることも検討しましょう。

3　ストレスチェックの集団分析結果の活用

ストレスチェックは、個別の結果だけでなく集団分析も活用し、職場環境の改善を行うことが努力義務となっています。

仕事の質や量、人間関係などのストレス要因を把握し、必要に応じて職場環境の改善を図りましょう。

4　ダイバーシティを推進する

近年、働き方改革が進み、人生において仕事よりもプライベートに重きを置く人が増えています。共働きが一般的になり、育児と仕事のバランスを重視する従業員は性別を問わず増えました。

一方で、終身雇用は崩壊し、以前と比べて不安定な社会になっていると言えます。転職することはポジティブに捉えられるようになりましたが、収入が安定的に増えないリスクもあり、副業をしながら、複数の収入源を確保する従業員も増加しています。

価値観の急激な変化や働き方の変化に柔軟に対応することが求められる時代に、不安やプレッシャーを感じる人も多いのではないでしょうか。そのため、より一層、メンタルヘルス対策が必要になっていると考えられます。

また、皆さんは、職場のダイバーシティ（多様性）を推進する役割も担っていると思います。

さまざまな性別や人種、幅広い年齢層、多種多様な経歴、病気や障害、育児や介護などのライフスタイルに合わせた働き方などを尊重し、多様な価値観や視点をもつ人材を受け入れることにより、組織は活性化すると考えられています。

ダイバーシティを推進することは、優秀な人材、多様な人材の確保につながり、これからの企業の持続的な発展と成長に、欠かすことはできません。

企業はダイバーシティを進めるための方針を決め、制度などを整備したら終わりではありません。考え方や価値観が異なる人が職場に集まれば、人間関係やコミュニケーションで問題が発生しやすく、それによってストレスが増加し、パフォーマンスの低下が起こるかもしれません。

ダイバーシティの考え方が従業員に浸透し、相互理解ができているかどうか、必要な人が制度を活用しやすい組織風土や仕組みになっているか、誰かに負担が集中していないかなどを点検することも重要です。

特に、ダイバーシティの推進は、メンタルヘルス対策ときっても切り離せません。メンタルヘルス不調を抱えながら働く人が、より働きやすく、活躍できるように配慮することも、企業には求められています。就労することはできても、職場での理解が得られずに苦しんでいる人がいるかもしれません。また、休職した従業員が職場復帰しやすい制度になっているか、復帰後の職場環境は整えられているかどうか、といった点も確認しましょう。

ポイント

㉜ 組織風土を点検し、1人ひとりの能力が発揮され、活き活きと働けるような風土をつくりましょう。

㉝ 長時間の残業や責任の重い仕事などは従業員のストレスが高まるので、改善を検討しましょう。

㉞ ハラスメントを放置すると、離職・うつ病・自殺などに発展するおそれもあるので、防止措置を講じる必要があります。

㉟ 本人の能力に見合っていない業務はストレスになるので、適切な業務を与えるために能力を評価し、業務内容を見直しましょう。

㊱ ダイバーシティの推進は、メンタルヘルス対策の1つにもなります。

第7章

受診後の対応について

1　診断書をどう読み解くか

診断書の記載事項

皆さんは、病気の専門家ではないので、診断書に書かれた病気の詳細について知識がなくても問題ありません。仕事で支障をきたしている点に注目し、業務遂行能力を評価して、就業上の措置をしましょう。

診断書には、診断名のほか経過や症状、治療期間、職場で必要な配慮、病院名、主治医の名前、診断日などが記載されています。診断名は、それまでの症状を基に記載していますので、その後の症状によっては変わる可能性もあります。

例えば、うつ状態からうつ病、適応障害からうつ病になることもあります。まず皆さんは、経過や症状、治療期間、職場で必要な配慮について把握しましょう。

なお、メンタルヘルス不調は診断する医師によって、診断名が異なることがあります。病院を変えたら診断名も変わったということもあります。ですから、あまり診断名に拘る必要はありません。それよりも、診断書に書かれた経過や症状と、本人から聞き取った状況をきちんと把握することが大事です。

なお、診断書に「療養（休職）を要する」と記載されている場合は、就業規則に則って早めに対応しましょう。

休職の診断書について

診断書は、療養の妥当性を医師が証明するものなので、休職時に診断書を提出するよう就業規則に定めている会社は多いです。まず、診断書の休職理由と就業規則を照らし合わせ、休職の可否を判断しましょう。

療養期間について

診断書に「1か月の療養を要する」と記載されているからといって、必ずしも1か月後に職場復帰できるとは限りません。1か月程度で改善する可能性がある、という指標にはなりますが、初めて医師が診断する場合、多くは1か月以内の療養期間が記載されています。

まずは週に1～2回程度通院してもらい、症状の変化を確認していきます。主治医は症状に応じて、療養期間をその都度判断します。

通常は、最初の診断書提出から数週間後に、さらに1か月とか2か月休職期間の延長が必要との診断書が提出されるケースが多いです。

2　休職しない場合の対応

就業上の配慮が必要な場合

受診はしたけれど、休職するほどではなく、就業上の配慮のみ必要というケースもあります。例えば、症状が落ち着くまで仕事の量や責任を軽減する、深夜業務や危険業務をさせない、運転業務をさせない、残業はさせないなどです。

主治医からどのような説明があったのか本人に確認し、必要に応じて業務を制限した状態で様子をみます。

なお、従業員が主治医に業務内容をよく説明し、主治医がそれをきちんと把握しているかどうかが重要なポイントになります。主治医が業務内容を理解したうえで、就業上の配慮について説明している場合は問題ありませんが、きちんと伝わっていないこともあります。

診断書があれば、そこに配慮すべき事項が記載されることが多いので、従業員と一緒によく確認しましょう。

しかし、休職しない場合は、主治医が診断書を発行しないこともあります。診断書の発行には費用がかかるため、本人が診断書の発行を希望しないこともあります。

そうなると、正式な書面がない状況で、就業上の配慮を検討しなければなりません。人事労務担当者や管理職だけで判断するのは難しいため、産業医に面談を依頼し、意見書を書いてもらうのが最も確実な方法です。産業医の意見書に沿って就業上の配慮をすることで、皆さんは適切に安全配慮義務を果たしたことにもなります。

休職せずに業務を続けるときの連携方法

メンタルヘルス不調で休職せずに業務を続ける場合は、慎重に対応しましょう。本人が休職したくないと考えていて、主治医に症状をしっかり伝えていないケースでは、勤務を続けることで悪化するリスクがあります。定期的に産業医や産業保健スタッフに面談を依頼して、症状や業務遂行能力を評価しながら、対応方法を検討しましょう。

症状が悪化し、就業できる状態ではないのにもかかわらず、本人が休職を拒否する場合、会社が休職発令を出すこともあります。労働者が健康を害するおそれがあるときは、事業者は速やかに労働者を業務から離脱させて休養させるなどの措置をとる義務(安全配慮義務)を負っているからです。

ただし、強制的に休ませるには、合理的な理由が必要になります。産業医の意見書や主治医の診断書、従業員の様子から、総合的に判断することが重要です。もし、休職発令についての対応が難しい場合は、社労士や弁護士へ相談しましょう。

ポイント

㊲ 診断名について詳しい知識がなくても問題ないので、まずは診断書に記載された経過や症状、治療期間、職場で必要な配慮について把握しましょう。

㊳ 最初に提出された診断書の療養期間で職場復帰できるとは限らず、療養期間が延長されるケースがほとんどです。

㊴ メンタルヘルス不調者が勤務を続ける場合は、産業医の意見書に沿って対応することをおすすめします。

㊵ 会社が休職発令を出すには合理的な理由が必要なので、本人が休職を拒否して対応が難しい場合は、社労士、弁護士へ相談しましょう。

第8章

休職から職場復帰までの流れと対応

1　職場復帰支援プログラムについて

職場復帰する従業員をサポートするための計画

メンタルヘルス不調で休職している従業員が、スムーズに職場復帰をするためには、人事労務担当者や管理職の皆さんの支援が欠かせません。

いざというときに慌てないために、また担当者が迷わず支援できるように、「職場復帰支援プログラム」の策定や関連規定の整備など事前にしっかり準備をしておくとよいでしょう。

厚生労働省は「こころの健康問題により休業した従業員の職場復帰支援の手引き～メンタルヘルス対策における職場復帰支援」を公開しており、手引きには次が実施項目として定められています。

●職場復帰支援プログラムの策定
●職場復帰支援プランの作成
●主治医との連携

職場復帰支援プログラムとは、職場復帰する従業員をサポートするための計画のことです。職場復帰支援プログラムは、次の５つのステップで行うこととされています。

- ●第１ステップ：病気休業開始および休業中のケア
- ●第２ステップ：主治医による職場復帰可能の判断
- ●第３ステップ：職場復帰の可否の判断および職場復帰支援プランの作成
- ●第４ステップ：最終的な職場復帰の決定
- ●第５ステップ：職場復帰後のフォローアップ

職場復帰支援の各ステップでは、本人をサポートするための連携体制が欠かせません。主治医は治療をしながら職場へ情報提供し、家族は療養中から職場復帰後も精神的なサポートや生活のサポートなどをしながら、場合によっては主治医や職場と連携します。職場の人事労務担当者や産業医等産業保健スタッフは休職時から、本人に定期的に連絡をとりながら状況を確認し、職場復帰後もサポートを継続します。必要に応じて家族や主治医とも連携します（図表４参照）。

〔図表４　職場復帰支援の各ステップ〕

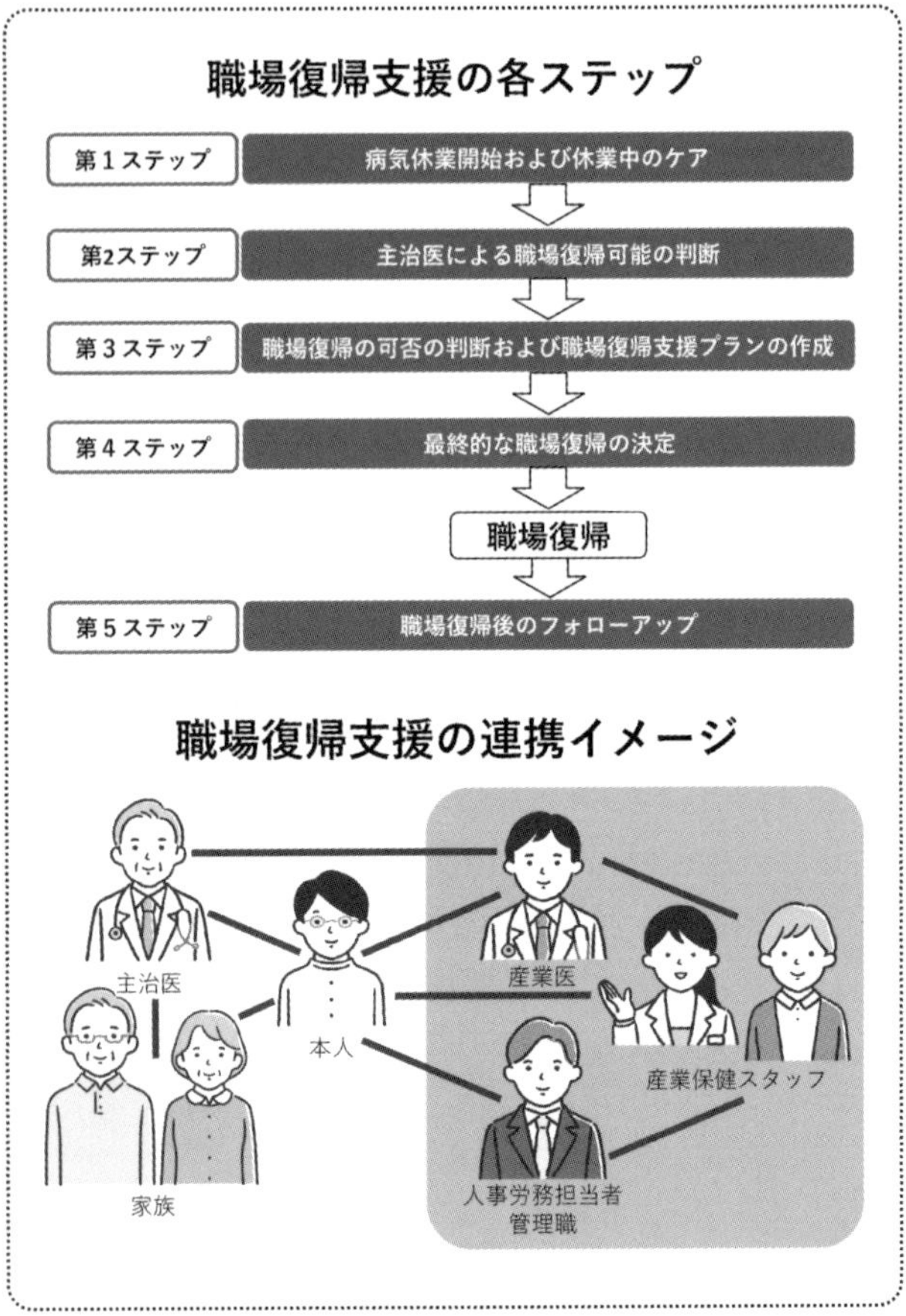
職場復帰支援の各ステップ
第１ステップ
病気休業開始および休業中のケア
第2ステップ
主治医による職場復帰可能の判断
第３ステップ
職場復帰の可否の判断および職場復帰支援プランの作成
第４ステップ
最終的な職場復帰の決定
職場復帰
第５ステップ
職場復帰後のフォローアップ
職場復帰支援の連携イメージ
主治医
産業医
本人
家族
産業保健スタッフ
人事労務担当者
管理職

〔図表５　職場復帰支援プログラム〕

職場復帰支援モデルプログラム

株式会社 ○○○○

職場復帰支援プログラム

本プログラムは、メンタルヘルス不調で休業に至った従業員に対し、休業開始から通常業務復帰までの休業者と支援者の役割、留意すべき事項について定めたものである。なお、従業員の個人情報の取扱いについては、厳格に保護する。健康情報の使用に関しては、従業員の同意を得るものとする。

《第1ステップ》病気休業開始及び休業中のケア

- 休業が必要になった従業員は、主治医による休業期間の見込みが記載された診断書を会社に提出する。
- 会社は従業員に対し、休業制度や休業期間中の賃金規定、傷病手当金の請求手続き、職場復帰の手順等を説明する。
- 休業中の連絡先と手段を明確にし、会社は月1回程度休業者の状態を確認する。

《第2ステップ》主治医による職場復帰可の判断

- 休業者から職場復帰の意思表示があった場合は、「主治医による復職可と記された診断書」を提出するよう指示する。
- 休業者は生活リズムを整え、活動状況を記録し、復職面談時に持参する。
- 必要に応じて、休業者の同意を得て主治医から復帰の判断材料として必要は情報を収集する。

《第3ステップ》職場復帰の可否の判断および職場復帰支援プランの作成

- 休業者は産業医（または人事担当者）と面談の上、生活リズムや活動記録、症状等の情報から就業可能か評価を行う。
- 主治医からの情報や回復状況を確認し、職場の受け入れ調整を図る。
- 通常勤務に向けて無理のない職場復帰支援プランを作成する。

《第4ステップ》最終的な職場復帰の決定⇒職場復帰

- 会社は、産業医の意見書を聴取し、職場復帰の可否を決定をする。
- 職場復帰が決定すれば、同僚等への説明を行い、理解・協力を得る。

《第5ステップ》最終的な職場復帰の決定⇒職場復帰

- 従業員の病気の症状が悪化していないか、業務上の問題の有無等を確認するため、定期面談を実施する。
- 職場復帰支援プランの実施状況を確認し、必要に応じてプランを見直す。
- 状況を評価しながら、就業制限の解除等について産業医に意見を求める。

職場復帰支援プログラムは、「企業としてメンタルヘルス不調で休職した従業員に対し、どのような支援をするか、方針を従業員に表明するもの」になります。

策定するにあたっては、社内でよく検討しましょう。

初めてでどのような内容を記載すべきかわからなければ、図表5の「職場復帰支援モデルプログラム」を参考にしてください。

なお、第3ステップにある「職場復帰支援プラン」とは、休職者が職場復帰することが決まったときに作成する支援計画書のことです。

職場復帰支援プランには、職場復帰日、就業上の配慮、職場復帰までの支援方法を記載します。

これについての詳細は後述の「職場復帰時のポイント」で詳しく解説します。

2　休職開始時のポイント

休職者の療養が最優先

休職の診断書が提出され、休職開始となったとき、診断書は人事労務担当者が個人情報に配慮して保管します。

なお、診断書に「休職を要する」と記載がある場合で、即座に休職するか、引継ぎや事務手続を経て休職するかは、状況により異なりますが、業務の引継ぎをするために、無理を言って出勤させるのはリスクを伴うのでやめましょう。

職場としては、「引継ぎくらいはして欲しい」と思うかもしれませんが、メンタルヘルス不調の原因が職場や業務にあるようなら、早めにその環境から離れることが重要です。休職者の療養を最優先にしましょう。

どうしても引継ぎが必要な場合は、その旨を本人に説明し、メールや電話で最小限のやり取りにとどめましょう。出勤しなければ引継ぎができない業務であれば、主治医に相談してもらい、意見を聞いたうえで検討しましょう。

なお、メンタルヘルス不調により突然、出勤できなくなるケースも多いため、普段から業務の属人化は避けましょう。重要なファイルにパスワードを設定している場合は、いざというときのために管理職が解除できるようにしておきましょう。

また、休職する従業員が休職中に安心して療養できるよう、人事労務担当者は次のことを従業員に伝えておきましょう。

●傷病手当金などの経済的な保障について
●不安や悩みの相談先
●公的または民間の職場復帰支援サービス（リワーク）
●休職可能な期間
●休職中の連絡手段
●職場復帰支援プログラムと職場復帰支援プランについて

メンタルヘルス不調で休職している状態では、就業規則を読んでしっかり理解することは難しいかもしれません。かといって口頭での説明では、「そんな話は聞いていない」といったトラブルになりかねません。

おすすめなのは、必要な情報をまとめた「休職者用パンフレット」です。休職中の過ごし方や職場復帰のために準備すべきことが予めわかれば、不安の解消になります。職場の実情に合せた、この休職者用パンフレットをつくり、休職した従業員に配布し、予め内容を確認するように伝えておきましょう。

それでは、次にパンフレットに記載すべき内容について詳しく解説します。

傷病手当金などの経済的な保障について

休職により給与が支払われなくなると、経済的な不安が生じます。休職中は健康保険組合から傷病手当金が支給されることを説明しておきましょう。その手続の方法についても明記しておくとよいでしょう。なお、厚生年金や健康保険などの社会保険料は本人負担が発生することも説明しましょう。

有給休暇が残っている場合、有給休暇を先に消化してから休職にして欲しいと相談されることがあります。ただ、会社によっては翌年度の有給休暇の付与条件に、在籍期間や、前年度の出勤率が影響するため、もし有給休暇をすべて消化して休職に入り、職場復帰したときに有給休暇がまったく付与されないと、通院や急な体調不良で休む度に欠勤となってしまいます。職場復帰後のことも考慮して、注意を促しておきましょう。

また、福利厚生に関すること、健康診断の受診をどうするかなど、会社によってルールが異なりますので、休職中でも必要な情報は伝えておきましょう。

不安や悩みの相談先

休職中の不安や悩みについての主な相談窓口は誰になるのか、予め伝えておきましょう。

産業保健スタッフやＥＡＰが活用できるのであれば、それらの情報も提供しておきます。
また、厚生労働省で開設している「こころの耳」では、無料で電話相談、ＳＮＳ相談、メール相談を実施しているので、休職中のメンタルヘルス不調者が１人で悩みを抱え込まないよう、活用を促すのもよいでしょう。

リワーク支援サービス

職場復帰に向けて、休職者をサポートする公的または民間のリワーク（職場復帰）支援サービスがあります。リワーク支援とは、うつ病などのメンタルヘルス不調で休職した人が、職場復帰するための訓練を行うことをいい、医療機関や、障害者職業センター、就労移行支援事業所で訓練を受けることができます。

●医療機関のリワーク支援は症状の回復や悪化防止、生活リズムを整えるためのプログラムが充実しています。費用は保険適用（場合によって自立支援医療制度の対象）です。

●障害者職業センター（地域障害者職業センター）は、各都道府県に設置されています。休職者が職場でどんな業務をするか想定し、業務内容に合せたリハビリを実施します。また、休職者がメンタルヘルスのセルフケアができるようなプログラムも実施しています。

ちなみに、障害者職業センターでは、人事労務担当者や管理職に対してもサポートを行っていますので、従業員の職場復帰で困ったときは、相談してアドバイスをもらいましょう。

●就労移行支援事業所は、障害や疾患のある人の就職支援を行いますが、なかには休職者を対象としたリワーク支援を実施している事業所もあります。

休職可能な期間

就業規則に則って、休職できる期間を説明しましょう。また、復職可の診断書があっても、すぐに職場復帰できるとは限りません。受け入れ職場の調整や産業医面談などがあることも伝えましょう。もし、定年退職日や契約期間の満了日が迫っている場合は、その期日に復帰できなかった場合について追記しておくとよいでしょう。

休職中の連絡手段

本人とその家族の連絡先を必ず確認しましょう。休職中に急に音信不通になることはよくあります。従業員の安全確認が取れないときは、警察に連絡して捜索や身柄の保護などを依頼しなければなりませんので、本人と連絡が取れないときの連携方法はしっかり確認しておきましょう。

また、会社から連絡する人が頻繁に代わると混乱しやすいので、特定の人に決めておきましょう。連絡手段（メール、電話、郵送）は、相手の意向を汲んで決め、どのタイミングで連絡するかを事前に伝えておきましょう。

なお、休職者が業務で使用するパソコンやタブレット端末、スマートフォンで会社と連絡を取る方法は控えましょう。休職中は労務提供を行わないのが原則ですので、業務で使用するものは会社に返却するか、電源を入れないことを約束させましょう。

3　休職中のポイント

休職中に過ごす場所

メンタルヘルス不調者が、会社の管理する独身寮や一人暮らしの自宅で療養するのは、リスクを伴います。少しリスクがあります。安全配慮義務の観点からも、家族やパートナーとの同居をすすめましょう。なお、メンタルヘルス不調で休職していることを家族に話せていない場合や、家族と疎遠になっている従業員もいるかもしれません。しかし、死にたいという発言や自傷他害の恐れがある場合は、会社が責任を負えませんから、家族と連携をとり、休職中の生活の見守りを依頼しましょう。家族がいない、家族に頼ることができない状況であれば、主治医に説明し、入院させて安全な場所で療養することも検討します。

休職中の連絡頻度

人事労務担当者や管理職が休職直後から頻繁に連絡するのは避けましょう。事務手続のために必要な、最低限のやりとりにとどめるべきだと思います。

症状が重いときは電話での対応が難しいため、メールで「状態のよいときに返信して欲しい」と伝えましょう。

休職中は、会社からの連絡が負担になる反面、まったく連絡がないと孤独を感じ、自分は必要とされていないのではないかと、ネガティブに考えてしまいます。

会社からは適宜、社内報や重要な書類を送り、「焦らずに療養すること」「回復したら戻ってくるのを待っている」というメッセージを伝えましょう。

皆さんから連絡する頻度は、休職直後は月１回程度とします。病状が改善し、職場復帰を検討する段階に入ったら徐々に増やし、オンライン面談、出社しての面談など、状況に合わせて対応しましょう。

なお、職場復帰の目途が立っていない段階で、出社させて面談を実施するのはリスクがあると感じます。

オンライン面談であっても休職者の負担になるため、基本的には職場復帰の見通しが経つまでは、会社から面談を受けるように指示するのは止めましょう。

休職期間の満了が迫っている場合

勤続年数が短い場合は、休職期間が短く設定されている企業がほとんどです。うつ病などにより長期間休職していると、休職期間の満了が迫っても、職場復帰の目途が立たないことがあります。

担当者は、休職期間の満了日の、1～2か月前に休職者へその旨をしっかり説明しましょう。

就業規則に「休職期間満了後も復職できない場合は休職期間満了日をもって退職とする」という規定があれば、そのまま退職となりますが、後で揉めることがないよう、会社として誠実な対応をしましょう。

特に退職後の、経済的な不安を少しでも解消できるよう、退職金や失業給付についての情報提供はしっかりとしておきましょう。

職場復帰を検討する段階になったら

症状が改善し、そろそろ職場復帰を考えましょう、と主治医から提案されたときや、休職者の職場復帰の意欲が高まったときには、まず会社に一報入れてもらいましょう。なぜなら時々、復職可の診断書が急に提出され、次のような条件が記載されていて、職場として受け入れが困難なケースも見受けられるからです。

「職場復帰後は半日勤務が望ましい」
「在宅勤務が望ましい」
「職場復帰後は週３日勤務とする」
「事務作業、軽作業のみ可」

ごく稀に、休職者の要望をそのまま診断書に記載してしまう主治医もいるようですが、就業規則や職場の実情とかけ離れた条件では、職場復帰をさせることはできません。

求められる条件がこれだけあるということは、職場復帰に耐えられる回復レベルに達していないと解釈できるので、改めて復帰時期を検討し直すべきです。

このような診断書が提出されることを避けるためにも、職場復帰を検討する段階に入ったら、会社に一報いれてもらい休職者から主治医に次のようなことを伝えてもらいましょう。

●復帰時点で予定している業務内容
●業務に必要な能力（体力・判断力・集中力・注意力・コミュニケーション力など）
●職場の勤務体制（勤務時間、勤務日数、変形労働時間制、日勤・夜勤・交代制 など）

なお、職場復帰時の原則として、休職前の職場へ戻すこと、安全に1人で出勤ができること、通常勤務に段階的に戻すことが挙げられます。また、安全配慮義務の観点から、勤怠や業務遂行能力を管理職が把握できるよう、復帰後は原則テレワークではなく、出勤を条件にする必要があります。例えば、半日勤務しかできない、通勤が1人では難しいようでは、回復しているとは言い難いので、改めて復職の可否の判断を主治医に依頼しましょう。

休職者から一報を受けたらこれらを伝え、復職可の診断書には、職場復帰が可能と判断した理由や、必要な就業上の配慮について主治医に記載してもらうようにしましょう。

生活リズム表の記録

復帰を検討し始めてからどのくらいの期間で職場復帰になるかはわかりませんが、その頃から、「生活リズム表」を付けるように休職者に指示します（図表6参照）。

この記録は、産業医、人事労務担当者や管理職が職場復帰の可否を判断するための重要な材料になりますので、職場復帰面談の1～2週間くらい前から「生活リズム表」を記録してもらうのが望ましいです。

生活リズム表を確認するときは、次のポイントを抑えつつ、総合的に回復状況を判断しましょう。

●就寝時間、起床時間：始業時刻に間に合うか
●睡眠時間：しっかり睡眠時間を確保できているか
●食欲：1日3回、食事が摂れているか
●活動時間や活動内容：日中活動する体力や集中力があるか
●体調の変化：体調は安定しているか

〔図表6　生活リズム表〕

生活リズム表

職場復帰に向けて、生活リズムを整えましょう。睡眠、活動、食欲、体調などについて記録し、次回の面談時に持参して下さい。

日付	時間									食事			体調
	0時	3	6	9	12	15	18	21	24	朝	昼	夜	
例		睡眠				外出			睡眠	×	◎	◎	○
	コメント：午後は図書館で過ごしたが、少し疲れたので、早めに寝た。												
9/1													
	コメント：												
9/2													
	コメント：												
9/3													
	コメント：												
9/4													
	コメント：												
9/5													
	コメント：												
9/6													
	コメント：												
9/7													
	コメント：												

食事欄：◎完食した　○少し残した　△かなり残した　×食べなかった
体調欄：◎良好　○普通　△少し不調　×かなり不調

《生活リズムを整えるポイント》
出勤時間を想定して、朝は早めに起き、夜更かしをしないようにしましょう。
日中は体力をつけるために、散歩などをしましょう。
業務を行うことを想定して、図書館などで長い時間過ごしてみましょう。
主治医や産業医に相談し、通勤の練習をするのも良いでしょう。

職場復帰後も休職前の状態に回復するまでには時間を要します。復帰時点では、おおむね７～８割の回復状況だと心得ておきましょう。そのため、生活リズム表の記載はすぐにやめてしまうのではなく、復帰から通常勤務に戻すまでの間は、なるべく記録を継続してもらいましょう。

必要に応じて、管理職が記録を確認し、生活リズムや症状から回復状況を評価してください。

生活リズム表の記録を継続することは少々負担にはなりますが、休職者に生活リズムを整えることを意識付けできるメリットもあります。

リワーク支援を経た後に職場復帰する場合

うつ病は、リワーク支援を経てから職場復帰することも多いです。体調が回復してきたタイミングで、主治医からリワーク支援をすすめられることもありますし、産業医が休職者の状況から、リワーク支援をすすめることもあります。

かかりつけ医で用意されたリワークプログラムを受ける場合は、主治医の方針に沿って実施されます。

長期間うつ病で休職した場合は、休職者と企業担当者のサポートが充実している地域障害者職業センターのリワーク支援がおすすめです。

こちらは無料で利用することができますが、事前の説明会に参加する必要があります。企業担当者向け、休職者向けの説明会が定期的に開催されていますので、まずは日程を確認しましょう。また、利用開始までにさまざまな手続が必要となりますので、余裕をもって準備する必要があります。

なお、民間のリワーク支援もさまざまなサービスを提供していますので、休職者が自分に合ったリワーク支援を探して利用するのもよいでしょう。

職場復帰時の配属先について

通常は、休職前の職場に復帰させるのが原則ですが、その職場の人間関係に悩んでいた場合や、業務に適応できずに適応障害を発症した場合などは、もとの職場に復帰させることで再発するリスクがあります。主治医の意見や本人の意向も含め、必要に応じて配置転換を検討しましょう。そのため、人事労務担当者や管理職は、早めに配置転換の準備を進めておきましょう。

4　職場復帰時のポイント

職場復帰させる時の判断基準

休職者には、復職可の診断書を速やかに会社に提出してもらいます。内容を確認し、担当者または産業医が休職者と面談を実施します。職場復帰をさせるかどうかを判断するポイントは次に示します。

- ●就労意欲
- ●就業開始時間に合わせた出勤の可否
- ●決められた勤務日、時間での継続した就労の可否
- ●業務遂行能力（体力・判断力・集中力・注意力など）
- ●規則正しい生活リズム

職場復帰の可否は、個別の状況に合わせて総合的に判断します。できれば産業医に、職場復帰についての意見書を書いてもらい、就業上配慮すべき事項に関して、本人やその上司と共有しておきましょう。

試し出勤（リハビリ出勤）について

試し出勤（リハビリ出勤）とは、休職者の職場復帰をスムーズに進めるために、試行的に勤務させることを言います。

正式な復帰前に実施するか、正式な復帰後に実施するかで、労務管理上の留意しなければならない点が異なります。正式な復帰前の試し出勤は特に注意が必要です。もし賃金を払ってしまうと、正式な復帰とみなされ、傷病手当金が減額されることがあります。

また、原則として、正式な復帰前の試し出勤は労災保険の補償対象外です。

これらのことを踏まえて、制度として試し出勤を導入するか、導入するとしたら、正式な復帰前か後か、労使間でしっかり検討しましょう。

なお、制度としてではなく、休職者の判断で自主的に通勤訓練（始業時刻に間に合うように電車に乗るなど）や、模擬出勤（近くの図書館などで、業務を想定した作業を行う）をするよう促している企業もあります。

職場復帰支援プランについて

担当者または産業医による職場復帰面談を経て、正式な復帰日が決まったら、担当者は

「職場復帰支援プラン」を作成しましょう。職場復帰支援プランには、次の内容を記載します。

●職場復帰予定日
●復帰時に配属される部署と業務内容
●通常勤務に戻すまでのスケジュール
●各種条件（給与、交通費など）
●就業上の配慮について（残業、出張、深夜業務、危険業務、運転業務、単独業務の禁止 など）
●勤怠不良時や症状が悪化したときの対応について

職場復帰支援プランには、就業規則や職場の実情に合わせて復帰後に必要な配慮を記載します。会社によってできる配慮とできない配慮があると思います。もし、職場支援プランの立て方などがわからない場合には「産業保健総合支援センター」で専門家の支援を受けることができますので相談してみるとよいでしょう。

次に一般的な職場復帰支援プランの例を紹介しますので、参考にしてください（図表７参照）。

〔図表７　職場復帰支援プラン〕

職場復帰支援プラン

2024年 ○月○日作成

氏名	○○　△△△	生年月日	○○○○ 年　○月　○日
所属	○○部　△△課	役職	主任
休職期間	2023　年　○月　○日から　2024　年　○月　○日		
職場復帰予定日	2024　年　○月　○日		

期間		労働時間	勤務時間	配属先	備考
2024年　○月○日から ○月○日迄	2週間	6時間	9:00～15:00 休憩1時間	人事部	内勤、出張禁止
2024年　○月○日から ○月○日迄	2週間	7時間	9:00～16:00 休憩1時間	人事部	内勤、出張禁止 産業医面談の実施
2024年　○月○日から ○月○日迄	2週間	7時間	9:00～16:00 休憩1時間	営業部	内勤、出張禁止、営業職へ戻る
2024年　○月○日から ○月○日迄	2週間	7時間	9:00～16:00 休憩1時間	営業部	外勤 産業医面談の実施
2024年　○月○日から		8時間	9:00～17:00 休憩1時間	営業部	通常勤務へ

備考	・通常勤務までの期間は時給制とする（時給○○○○円、通勤手当あり） ・職場復帰直後は人事部へ配属し、段階を経て営業部へ戻す ・復帰後1か月間は出張禁止とする ・時間外労働は復帰後2ヵ月以降が経過したら、産業医面談にて判断する ・症状悪化や勤怠不良が見受けられる場合、プランの修正や再休職等を検討する

上記内容について確認しました。

○○年 ○月 ○日（本人）

○○年 ○月 ○日（所属長）

○○年 ○月 ○日（人事部）

○○年 ○月 ○日（産業医）

復帰直後のリハビリ期間は、短時間勤務制度（時短勤務）を導入している企業が多く、所定労働時よりも2～3時間短い勤務からスタートし、段階的に通常勤務に戻していきます。

このとき、勤務開始時間を遅い時間に設定するのは止めましょう。勤務開始時間は通常の始業時刻に設定し、生活リズムを崩さないことが重要です。

休職していた期間が短い、症状が軽い場合は、通常勤務に戻すまでの期間を短縮することもあるでしょう。なお、どの休職者に対しても復帰後1か月間は6時間勤務、2か月目以降は段階的に通常勤務に戻すといった、統一されたルールで進めている企業も多いです。通常勤務に戻すことが大前提なので、時短勤務の期間が長すぎるのは望ましくありません。職場の状況に合わせ、長くても6か月までにするのが妥当だと思います。

なお、土日休みの会社で職場復帰日が月曜日の場合は、最初から5日間連続勤務になってしまいます。連続勤務は体力的に厳しいので、最初の1週間は週4日勤務とか、復帰開始日を週の半ばにするといった対応を検討するとよいでしょう。

また、休職前は営業職、深夜業務、危険業務、運転業務だった場合、元の職場や元の業務にいきなり戻すのは精神的・身体的負担が大きいので、復帰時の配属先を調整します。

一時的に心身の負担が軽い部署に異動させたり、担務を変更し、職場復帰支援プランに沿って経過をみながら、徐々に元に戻していくとよいでしょう。

職場復帰支援プランの勤務時間や業務内容の切り替え時期は、産業医の意見、本人の症状や希望を確認しながら検討しましょう。また、職場復帰後の通院頻度なども確認し、治療が継続できるように配慮しましょう。

職場復帰支援プランを作成するメリット大きく、担当者が適切な支援ができるようになるだけでなく、従業員は事前に通常勤務までのプランがわかるので、安心して勤務できます。さらに、一緒に働く同僚にもプランについて周知することで、メンタルヘルス不調者への理解にもつながります。

5　職場復帰後のフォローアップ

予定通りにいかないときは

職場復帰支援プランに沿って進めても、予定通りにいかないこともあります。復帰後は、体調には波があることを心得ておきましょう。ですが、腫れ物に触るような特別扱いはせず、他の社員と同様に接しましょう。与える仕事の量は少なすぎず、多すぎず、工夫をしてください。

復帰後は、人事労務担当者や管理職が勤怠の乱れがないか確認するとともに、定期的に産業医等産業保健スタッフによる面談を実施して、フォローアップしましょう。必要に応じて就業上の配慮を変更する、ステップアップする時期を延期するなどの対応をしましょう。

6　再発防止のために

内服は肯定的に受け止める

フォローアップの期間終了後も、引き続き注意が必要です。よくあるのが、もう大丈夫だろうと通常勤務に戻した途端、再発するケースです。頑張り過ぎて体力が追いつかず勤怠が乱れてしまう、内服薬の影響や仕事の疲労で集中力が低下してしまうといったリスクがあることを認識しておきましょう。

通院や内服薬の使用は長期間に及ぶケースがほとんどです。その点を理解した上で、内服薬の影響で集中力の低下や眠気がみられたら、主治医に相談するよう促しましょう。

なお、「まだ薬を飲んでいる」「薬が減らないようだ」と周囲の人は心配になるかもしれませんが、メンタルヘルス不調は、職場復帰後のストレスに対応するためにも内服しながら勤務することが多いです。再発防止のためにも内服については、肯定的に受け止めましょう。

職場復帰した従業員には、再発予防のために無理をし過ぎないこと、規則正しい生活を心がけ、自分の健康は自分で管理するよう促しましょう。また、調子が悪くなりそうなとき、パフォーマンスが下がったと感じたときは、「早めに」「自主的に」相談することを約束してもらいましょう。

7　再発しやすいケース

業務起因ではないメンタルヘルス不調は再発が多い

症状が回復する前に焦って職場復帰したケースは、再発リスクが高まります。休職可能期間が3か月～6か月と短い場合は、復帰を焦ってしまうことが考えられます。再発すれば、症状が重くなる、自信を失ってしまうなど、デメリットが大きいため、職場復帰は慎重に進める必要があります。

また、メンタルヘルス不調は、精神的な回復も重要ですが、体力的な回復も重要です。職場復帰前に体力回復のための準備が不十分だったために、通勤や業務による身体的疲労が蓄積して、再発するケースもあります。

また、なぜメンタルヘルス不調を発症したのか、原因を探り、対策することが再発防止には欠かせませんが、それをせずに職場復帰した場合、同じような状況に陥るおそれがあります。カウンセリングで、自分の考え方や性格傾向を理解し、セルフケアができるようになることが再発防止には欠かせません。

他にも業務起因ではないメンタルヘルス不調は、根本的な原因を解決しないまま復帰することもあり、再発、休職を繰り返すケースが多いです。

従業員の職場復帰支援は長期戦になるため、対応する人事労務担当者や管理職はとにかく大変です。すべて1人で担おうと無理をせず、産業医等産業保健スタッフと連携しながら進めていきましょう。

また、当初の計画通りに出勤できない場合はどうするか、予め方針を定めておくとスムー

〔図表８　社員の職場復帰を支援するときの心構えと対応〕

社員の職場復帰を支援するときの心構えと対応

心構え

- 復職可の診断から職場復帰するまでに準備期間が必要になる
- 基本的に休職前の職場に復帰させることを検討する
- 休職前の状態に回復するまでには時間を要する
- 休職前の状態に完全も戻らないこともある
- 体調には波があることを理解する
- 回復しているようでも再発してしまうことがある
- 長期間に渡り通院や内服が必要になることが多い

対応

- 診断書や産業医の意見書を基に業務を調整する
- 特別扱いをせずに他の社員と同様に接する
- 通院や内服について肯定的に受け止める
- 勤怠や業務遂行能力を適宜確認して回復状況を把握する
- 当初の計画通りに出勤できない場合の方針を定めておく
- 産業医等産業保健スタッフと連携しながら支援する
- 対応に困るときは産業医等産業保健スタッフに相談する

ズです。

再休職を検討するときは、産業医等産業保健スタッフに相談してください。できれば産業医面談を実施し、産業医の意見を参考にして判断しましょう。

なお、主治医は職場の状況が把握できていないこともあるので、産業医が診療情報提供依頼書（適切な治療をするために医師に情報を提供してもらうための書面）を主治医宛に発行することもあります。

職場復帰支援は、プランに沿って実施してもいつもうまくいくとは限りません。さまざまな要因が複雑に絡んで、従業員が再発したり再休職になったりすることも多いです。もし、思ったように職場復帰が進まなくても、皆さんが焦ったり、動揺することなく、淡々と職務を遂行してください。また、心に余裕をもって対応できるよう、さまざまなパターンを予め想定しておきましょう。皆さんの気持ちが少しでも楽になるように、考参までに「社員の職場復帰を支援するときの心構えと対応」をまとめました（図表8参照）。

ポイント

㊶　スムーズな職場復帰を支援するために、「職場復帰支援プログラム」の策定や関連規

定の整備をしましょう。

㊷ 休職直後は頻回に連絡するのは避け、状態がよくなって職場復帰を検討する段階に入ったら徐々に連絡頻度を増やしましょう。

㊸ 休職者が安心して療養できるよう、必要な情報をまとめた「休職者用パンフレット」をつくり、配布するとよいでしょう。

㊹ 職場復帰時の原則（休職前の職場へ戻すこと、会社に1人で安全に出勤ができること、通常勤務に段階的に戻すこと）を踏まえて、主治医に職場復帰の可否を判断してもらいましょう。

㊺ 復帰を検討し始めたら、「生活リズム表」を付けるように休職者に指示し、職場復帰の判断材料の1つとして、活用しましょう。

㊻ 復帰日が決まったら、「職場復帰支援プラン」を作成し、プランに沿って職場復帰を進めていきましょう。

㊼ 職場復帰後も再発防止のため、無理せずに規則正しい生活を送ることや、不調を感じたときは早めに相談するように促しましょう。

第9章

人事労務担当者・管理職のケア

1　セルフケアについて

皆さん自身のセルフケアが重要

皆さんが、従業員に対して適切な対応ができるよう、日頃からセルフケアを心がけることはとても大切です。

皆さんの心身が不安定な状態では、従業員の話をしっかり聴くことはできません。話を聴くには、気力、体力、忍耐力が必要なので、心と身体をととのえておきましょう。

メンタルヘルスケアは睡眠から

まずはしっかりと睡眠時間を確保しましょう。必要な睡眠時間には個人差がありますが、一般的には6～7時間の睡眠が必要とされています。朝起きたときにすっきり目覚める、日中眠くなることがない、仕事に集中できていることが睡眠の質を判断するポイントになります。

睡眠不足が続けば、抑うつ、不安、イライラ、眠気、頭痛、吐き気、肩こり、疲労感など症状だけでなく、免疫力が低下して感染症にかかりやすくなったり、肥満や高血圧などのリスクも高まります。このようなことで、仕事のパフォーマンスが下がれば、適切な人材マネジメントができなくなってしまいます。できるだけ夜更かしをせず、決まった時間に起床し、生活リズムが乱れないようにしましょう。

率先して休暇をとる

皆さんは休憩時間、しっかり休んでいますか。有給休暇はどのくらい消化していますか。人事労務担当者や管理職のなかには、休憩中も仕事をしたり、最低限の有給休暇しかとらない方も多いです。休みの日もあれこれ仕事のことを考えている方もいます。仕事熱心なのはよいことですが、その状態がずっと続くようだと心配です。オンとオフの切り替えがメンタルヘルスを良好に保つための重要なポイントなので、意識的にオフの時間をつくりましょう。

自律神経には、活発に動くときに優位になる交感神経とリラックスしたときに優位になる副交感神経があり、これらがバランスを保ちながら心身の調子を整えています。皆さんが頭を使って集中して仕事をしているときは、交感神経が優位に働いています。しかし、頭を休めることなくずっと交感神経が働き続けると、自律神経のバランスが崩れてさまざまな不調が生じてしまいます。ですから、適宜休憩をとり、オフの状態をつくり、自律神経のバランスを保つことが重要です。皆さんが率先して休憩、休暇をとることで、周囲も休みやすくなります。皆さんが休めば、職場の従業員もオンオフの切り替えができるようになり、全体のパフォーマンスが上がるかもしれません。

適度な運動とバランスのとれた食事でメンタルを強化

脳内の神経伝達物質の1つに、幸せホルモンと呼ばれるセロトニンがあります。セロトニンの生成量が減ると、抑うつ、不安、イライラなどの症状が強まることが知られています。セロトニンを活性化してストレスに負けないようにするには運動が効果的です。全身を動かすウォーキングや軽いジョギングはセロトニンを活性化するため、運動を習慣化することをおすすめします。

また、ストレスが溜まると甘いものを食べ過ぎたり、お酒を飲み過ぎたり、過食になることはありませんか。食生活が乱れると胃腸に影響し、身体の調子が悪くなります。また、不安や緊張などのストレスがかかると、お腹が痛くなったり便秘になったりしますが、胃腸はストレスと深い関係があることが知られています。胃腸に負担をかけないよう、バランスのとれた食事と、ストレスケアを心がけることが重要です。

ちなみに、朝食を抜くと、脳のエネルギー不足や自律神経の乱れ、集中力の低下、イライラの原因になります。忙しい朝でも、朝食は軽くとるようにしましょう。

悩みを相談できる人を見つけておく

皆さんは身近に仕事やプライベートの悩みを相談できる人はいますか。従業員の対応で困ったとき、仕事でトラブルがあってイライラしたとき、家庭で問題が起きて悩んでいるとき、皆さんはどうしていますか。私はよく「なんでも相談してくださいね。愚痴でも大丈夫ですよ」と従業員の方々にお伝えしています。

ですが、特に管理職の方々は、自主的に悩みを相談しない傾向がみられます。状況が深刻化してから初めて、「実は…」と打ち明けられることも多いです。「こんなことで相談していいのだろうか」「他人に話したってどうせ解決できない」と思うかもしれませんが、小さな悩みを相談できる人を複数見つけておくことがストレスケアのためにも重要です。

自分に起きていることを他人に話すことで、思考が整理され、不安やイライラの原因に気づいたり、たとえ解決できなかったとしても、共感してもらうことで心が解放されたり、気分が落ち着いて冷静に考えることができるようになります。

友人や家族にはなかなか悩みを相談できないという人も多いかもしれません。もし皆さんの職場に産業保健スタッフがいるのであれば、日頃からコミュニケーションをとり、時々悩みを聴いてもらうとよいでしょう。外部ＥＡＰを導入しているなら、皆さんが率先して利用することをおすすめします。従業員のメンタルヘルス不調に日々向き合っている皆さんだからこそ、積極的に、自主的に相談をしてください。そうすることも、メンタルヘルスマネジメントの１つだと、私は感じています。

ポイント

㊽ 従業員に対して適切な対応をするために、まずは皆さんがしっかりセルフケアをしましょう。

㊾ 睡眠はメンタルヘルスを良好に保つために最も重要なので、睡眠時間確保のために、夜更かしをせず、生活リズムを整えましょう。

㊿ 仕事やプライベートの小さな悩みを相談できる人を複数見つけておきましょう。

第10章　職場での難しい対応Q&A

ここからは、メンタルヘルス不調に関する職場での難しい対応について、Q&A形式で解説します。

Q：遅刻や欠勤が多く、メンタルヘルス不調なのかさぼりなのかわからない従業員がいます。どう対応したらいいでしょう？

A：重要なのは病気かどうかではなくて、遅刻や欠勤が多く、業務に支障をきたしているという事実です。病気だろうがなかろうが、仕事のパフォーマンスが低下していることが問題なので、その問題を解決するにはどんな対応が必要かを検討します。まずは面談を実施して、遅刻や欠勤が多い理由を探りましょう。メンタルヘルス不調なのか、生活習慣の問題やプライベートな事情が影響しているのか、本人の性格的な問題か。原因を把握したら、それに合わせた対策を検討しましょう。

Q：メンタルヘルス不調の診断書さえ提出すれば休職できることに疑問を感じます。休職中に転職活動をしている従業員がいますが、どうしたらいいでしょうか？

A：○○メンタルクリニックを受診すれば、休職の診断書を書いてもらえるらしい、という話を従業員から直接聞いたり、△△さんは、傷病手当金をもらいながら賢く転職活動しているらしい、なんて噂を耳にすることもありました。そう聞かされると、「とんでもないやつだ！」と怒りたくなるかもしれません。ですが、病気ではないことを証明するのは難しいため、会社としては淡々と処理するしかありません。就業規則上の問題があるようなら社労士に相談するのがよいでしょう。
もしかしたら、休職の原因が会社側にあったかもしれないので（ハラスメントやサービス残業、労災かくし、長時間残業など）対応はいつも通り丁寧に誠実にすべきだと思います。

Q：最近、上司の様子が気になります。うつ病じゃないかと思いますが、どうすればいいですか？

A：上司のメンタルヘルス不調が疑われる場合、部下から声をかけるのはなかなか難しいでしょう。
まずは人事へ相談しましょう。人事から当該の上司に対し、産業医や産業保健スタッフの面談を受けるよう促して、解決を図るのがよいと思います。

Q：人間関係のトラブルが絶えない従業員がいて、周りが困っています。産業医の面談を拒否していますが、どうしたらいいでしょう？

A：メンタルヘルス不調では、攻撃的になる、感情の起伏が激しく人間関係のトラブルを起こすというケースがよくあります。本人が病気の意識がないときは、管理職が産業医や産業保健スタッフに相談し、職場で客観的にみた様子を説明し、対応方法について指示を仰ぐとよいでしょう。

なお、メンタルヘルス不調ではなく、発達障害やパーソナリティ障害が隠れている場合もあり、対応が一筋縄ではいかないこともあります。

Q：休職者の間違った噂が職場で広がってしまいました。個人情報はきちんと管理されていましたが、どうしたらよいでしょうか？

A：同僚に病名を伏せ、まったく情報を伝えない場合は、特に憶測が飛び交うことがあります。それを避けるため、予め本人の了承を得て同僚に状況を伝えることもあります。間違った噂が広がって、休職者の尊厳を傷つけるようなことは避けなければなりません。プライバシーを守ることの重要性を職場で共通認識させ、不確かな情報を流さないよう教育を徹底しましょう。

Q：従業員が突然、自殺してしまいとてもショックです。同僚への影響もとても心配です。

A：うつ病などの精神疾患が原因で自殺してしまうケースだけでなく、自殺の前触れがまったくないケースも多いです。自殺を防ぐ方法があったのではないだろうかと、残された人はとても苦しく悲しい思いをされるでしょう。身近な存在であれば自分を責めてしまうこともありますし、繊細な従業員であれば、それがきっかけで、メンタルヘルス不調を発症するかもしれません。
まずは、周囲の従業員の個別面談を実施し、想いを聴きましょう。必要であれば、産業医や産業保健スタッフへつなぎ、メンタルケアをしてもらいましょう。

Q：メンタルヘルス不調の従業員が入院してしまいました。本人と連絡が取れないのですが、どうしたらよいでしょうか。

A：幻聴や幻覚、自傷他害のおそれがある場合は、入院治療が必要になります。統合失調症や重度のうつ病では、社会生活が困難になるケースもあるため、安心して療養できる入院治療を選択することもあります。入院期間は個人差があり、非常に長くなることもあります。長期間本人と連絡が取れない場合を想定し、退院して症状が回復するまでは家族とやりとりできるような体制を整えましょう。

Q：メンタルヘルス不調で休職している従業員が妊娠したため、出産後に育児休業を経て、職場復帰する予定です。復帰時に注意すべきことはありますか。

A：メンタルヘルス不調による休職中に妊娠、出産するケースもありますが、会社の就業規則に則って対応しましょう。複雑な個々のケースについては社労士に相談するとよいでしょう。職場復帰するときは、メンタルヘルス不調の回復状況を確認する必要があるため、精神科や心療内科の主治医に復職可の診断書を書いてもらうことをすすめします。なお、職場復帰支援プランも作成して、メンタルヘルス不調者の職場復帰として対応するのが望ましいでしょう。

Q：障害者雇用で採用する精神疾患の従業員が、長続きしません。どうしたらよいでしょうか。

A：障害者雇用で重要なポイントは、その従業員の特性に合わせた業務、適切な指示、周囲のサポート、支援機関との連携です。担当者を決めて、その従業員に合ったきめ細かなサポートを継続することが、定着につながります。採用された障害者だけでなく担当者も不安を感じていると、なかなかうまくいきません。そのような場合は支援機関（障害者就業・生活支援センター、障害者就業・生活支援センター、就労移行支援事業所）のサポートを活用しましょう。また、採用するときに、どのような点に配慮すべきか、周囲の対応方法について、産業医や産業保健スタッフに相談するとよいでしょう。

Q：主治医と連携をとる方法がよくわかりません。どのように連絡するのがよいでしょうか。

A：主治医の考え方、病院の体制により違いますので、まずは、当該の病院に連携方法を確認しましょう。方法はいくつかありますが、本人が同意し、病院も了解している場合は、受診に同行して、就業上どのようなことに配慮すべきかなど、直接確認することができます。また、書面で問い合わせる方法もあります。これは産業医が主治医宛に「診療情報提供依頼書」を発行して行います。この手続をするためには、事前に「個人情報を提供することに関する同意書」を従業員にとっておく必要があります。
医師の書類のやり取りは費用がかかる場合もあるので、予め病院に確認しましょう。

あとがき

皆さん、ここまで読んでくださり、どうもありがとうございます。

本書には、私が普段の業務を通して感じていることを書きました。

メンタルヘルス不調者への対応は、計画通りにいかないことが多く、人事労務担当者や管理職、産業医と試行錯誤しながら、日々対応しています。残念ながら、さまざまな対策をしても、メンタルヘルス不調者をゼロにすることは難しいのですが、1つ言えるのは、従業員とのコミュニケーションがとれている職場は、メンタルヘルス不調に早く気づくことができ、職場復帰もスムーズに進むということです。

おそらく、普段から管理職が従業員と雑談を交わし、性格や家族構成、趣味、得意な仕事、苦手な仕事、仕事に対する考え方などを把握していることが、大きく影響しているのではないかと感じます。

中小企業の多くには、常勤の産業医はいませんし、私のような産業保健師が、各事業所でメンタルヘルス対策をしている企業は、まだ少ないのが現状です。しかし、皆さんが日々コツコツと従業員とコミュニケーションをとってくださることが、メンタルヘルス対策として大きな役割を果たしていると感じています。

冒頭にも書きましたが、「メンタルヘルス対策は、日々の積み重ね」です。忙しい毎日のなかで、皆さんが従業員のマネジメントに苦労しながらも、親身に対応する姿勢には、頭が下がる思いです。そんな皆さんの負担を、少しでも軽くしたいという気持ちで、本書を書き進めました。もし、少しでもお役に立てたのであれば、とても嬉しいです。

私は、産業保健師やキャリアコンサルタントとして活動していますが、メンタルヘルス対策に力を入れるべきだと考える一番の理由は、優秀な人材の確保と離職防止のためです。時代の変化とともに、人材の確保が難しくなっています。若い人が企業を選ぶときに重視することも変わり、「ワークライフバランスがとりやすいこと」「会社の雰囲気や職場環境」が上位にランクインしています。また、理想の上司としては「相談しやすい」「話を聴いてくれる」ことが重要なポイントになっているようです。

これらを踏まえると、「この職場で働きたい」と思ってもらえるよう、魅力を伝えることが人材確保につながると思います。そして職場の雰囲気がよく、相談しやすい上司がいれば、長く働き続けたいと思うのではないでしょうか。

是非、そんなことを考え、会社を持続的に成長させるための戦略の1つとして、メンタルヘルス対策を進めていただきたいと思います。難しいことはありません。「メンタルヘルス対策は、日々の積み重ね」です。

さて、本書の執筆にあたっては、はじめての出版で戸惑うこともたくさんありました。アドバイスをくださった方々をはじめ、日頃お世話になっている、産業医、人事労務担当者や管理職の方々に、この場をお借りして感謝申しあげます。

本書で私に興味をもった方がいらっしゃれば、是非、事業の案内をご覧ください。「企業を働く人をもっと元気に」は、私の願いです。従業員のメンタルヘルス対策だけでなく、職場のさまざまなニーズにお応えして、企業利益に貢献したいと考えています。皆さんからのご連絡、お待ちしております。

CocokaraCareer 代表 志野　恭子

参考資料

厚生労働省ホームページ

・事業場における心の健康づくり計画（例）
(https://jsite.mhlw.go.jp/ibaraki-roudoukyoku/content/contents/anzen_kanri_s7kokoro.pdf)

・働く人のメンタルヘルス・ポータルサイト「こころの耳」(https://kokoro.mhlw.go.jp/)

・職場における心の健康づくり～労働者の心の健康の保持増進のための指針～
(https://www.mhlw.go.jp/stf/seisakunitsuite/bunya/0000055195_00002.html)

・職場におけるハラスメントの防止のために（セクシュアルハラスメント／妊娠・出産・育児休業等に関するハラスメント／パワーハラスメント）
(https://www.mhlw.go.jp/stf/seisakunitsuite/bunya/koyou_roudou/koyoukintou/

seisaku06/index.html)

- これからはじめる職場環境改善～スタートのための手引～
(https://www.mhlw.go.jp/stf/seisakunitsuite/bunya/0000055195_00011.html)
- 心の健康問題により休業した労働者の職場復帰支援の手引き
(https://www.mhlw.go.jp/stf/seisakunitsuite/bunya/0000055195_00005.html)

事業のご案内

CocokaraCareer（ココカラキャリア）は「企業を働く人をもっと元気に」を理念として、労働者の心や身体の健康と、キャリアサポートをしております。労働安全衛生法の定めにより、事業者は、職場における労働者の健康と安全を守り、快適な職場環境を維持する義務と責務があります。近年、法律の改正や健康経営への意識の高まりにより、労働者の過重労働やそれに起因した脳・心臓疾患の発症、仕事のストレスによるメンタルヘルス不調や自殺の問題に対する、産業保健の強化が求められています。

事業者には、従業員が安全かつ健康に労働できる環境を整備することが義務付けられています。これを安全配慮義務と言います。安全配慮義務を怠ることのないよう、日頃から従業員の健康状態やストレスを把握し、健康管理を徹底することが大切です。人事労務担当者は、通常業務に加えて健康管理業務を担うことが多く、大きな負担になっています。産業保健師は専門知識があり、労働衛生に関する業務に精通しているため、健康管理業務を分担することで、人事労務担当者の負担を軽減することができます。

主な業務
・産業保健サービス
・健康管理業務
・メンタルヘルス相談
・キャリア相談
・健康経営に関する支援
・各種研修の実施

詳しくは「CocokaraCareer（ココカラキャリア）」で検索

著者略歴

志野　恭子（しの　きょうこ）

CocokaraCareer（ココカラキャリア）代表
産業保健師・キャリアコンサルタント

1978 年生まれ。東京都出身。看護師としてがん専門病院で勤務し、働き盛りの患者が病気で亡くなること、働けなくなって生活が一変してしまうことに衝撃を受けた。予防できる病気はできるだけ予防し、元気に働けるよう支援したいと考え、産業保健師として大手企業へ転職。従業員の健康を守り、メンタルヘルス不調の対応や予防、メンタルヘルスケア対策の構築に 15 年以上携わる。34 歳で出産し、半年の育児休業を経て職場復帰するも、担務変更による慣れない業務と初めての子育てや、繰り返す自分の体調不良が重なり、動悸や食欲不振、睡眠障害の症状が現れる。まさか自分がメンタルヘルス不調になるとは想像もせず、最初は信じられない気持ちで内科を転々としたが、心療内科で適応障害と診断される。自らが経験したことで、改めてメンタルヘルス不調者への支援のありかたについて考えるようになった。

そして、それらの経験を活かし、メンタルヘルス不調者が多いといわれる IT 企業や女性従業員が多くを占める企業で心と体の健康や、働き方支援を中心に人事労務担当者と協力して活動。特にメンタルヘルス不調、がん、育児、介護が原因でキャリアを諦め、能力を発揮できずに苦しむ従業員が多かったことから、それらに対応すべくキャリアコンサルタント資格を取得。

現在は開業し、産業保健師およびキャリアコンサルタントとして、経営者、人事労務担当者や管理職と連携しながら働く人の健康支援をしている。また、健康管理、メンタルヘルス対策やハラスメント防止等、従業員・管理職向けのさまざまな企業向け研修等も実施。専門家の立場から、人材マネジメントに関わり、企業利益に貢献することを目指して活動している。

失敗しない職場のメンタルヘルスケア
―従業員のメンタルヘルス不調に気づくポイントと対応 50

2023年 7 月5日　初版発行　　　2024年 9 月30日　第 2刷発行

著　者　志野　恭子　© Kyoko Shino

発行人　森　　忠順

発行所　株式会社 セルバ出版
〒 113-0034
東京都文京区湯島 1 丁目 12 番 6 号 高関ビル 5 B
☎ 03（5812）1178　　FAX 03（5812）1188
https://seluba.co.jp/

発　売　株式会社 三省堂書店／創英社
〒 101-0051
東京都千代田区神田神保町 1 丁目 1 番地
☎ 03（3291）2295　　FAX 03（3292）7687

印刷・製本　株式会社 丸井工文社

●乱丁・落丁の場合はお取り替えいたします。著作権法により無断転載、複製は禁止されています。

●本書の内容に関する質問は FAX でお願いします。

Printed in JAPAN
ISBN978-4-86367-820-0